JN096962

ボランティア活動の
ゆくえ

―潜む危うさとこれから―

松田次生　著

川島書店

はじめに

　ボランティアという言葉が日本で使われだしたのは、1960 年代である。一般的にはまだ奉仕活動とか奉仕団体といわれることが多かった時代であるが、欧米からの影響もあったか、指導者たちからそういう言葉が使われ、書籍やパンフレット等でもその言葉が登場し始めた。「ボランティア活動」という用語がタイトルに入っている本を、筆者が初めて手にしたのもそのころである。ちなみにその本は、大学婦人協会社会福祉委員会編『社会福祉のための　ボランティア活動のすすめ』(1966 年 3 月 31 日・全国社会福祉協議会発行) である。B 6 版 160 頁で、生徒・学生、勤労者、主婦等が行っているいろいろな活動を紹介し、文字（題名）通り、ボランティア活動を勧める内容であった。当時のボランティア活動が社会福祉と密接な関係にあったことがタイトルからもうかがえる。実際のボランティア活動はどうであったかといえば、この書籍の内容（活動の紹介）からも分かるように、青年や主婦が主体であり、壮年層や高齢者はほとんどまだ参加していないというところが今日と違うところだろう。

　そのボランティア活動の内容や参加層が、1970 年代後半から 80 年代以降に変容していく。活動は社会福祉分野だけでなく、災害支援、環境保護、発展途上国支援、まち作り等へと拡大し、参加層も青年や主婦中心の状態から、高齢者も含む幅広い層へと拡がっていく。その背景については第 1 章で述べるが、政府とりわけ厚生省（当時）と文部省（当時）が、政策としてボランティア活動の推進に力を入れたことがひとつの要因と考えられる。第 1 章のタイトルは「ボランティアの歴史」であるが、単に歴史的事実を述べているのではなく、第 2 章以降に取り上げる昨今のボランティア活動に関するさまざまな課題を検討することの「前座」として書いたつもりである。特に、福祉の分野や教育の分野でボランティアを政策として取り上げていく過程と、ボランティアの訳語に「志願兵」「義勇兵」というのがあることに注目していただきたい。

　行政主導でボランティア活動が推進されだすと、それまでの手弁当、無償で、まさに自発的な動機で活動に参加するボランティアが主流のときと、いろいろな面で様変わりしていく。特に、ボランティアの3原則といわれるものが大きく揺れ動いていることを第2章で取り上げる。物事は歴史とともに変化するものであるし、ボランティア活動も参加層や活動内容が拡がる中で変容するのは当然のことである。3原則もそれは時とともに変わっていくのは自然の流れでもあると、肯定的にとらえていい面もあるかもしれないが、なぜ、どの方向に、誰のために変容しているのか、ということに目を向けることが重要ではないかというのがこの章の主題である。

　そして、1995年の阪神・淡路大震災が、マスコミ等の積極的な取り上げもあって、「ボランティア」というイメージや活動への距離感を変える契機にもなった。ボランティア活動に対するとらえ方（認識）や、活動の状況も、今世紀に入ったころからさらに変容し、参加動機にも変化がでてきた。第3章では、巷でいわれているようにボランティアは増えているのか、ブームとなっているのかということと、参加動機がどのようになっているかを、各種のデータから検証する。参加動機にはいろいろあってもかまわないが、第2章でも取り上げる「自己実現」志向のボランティアが昨今増えていると思われることの背景と、自己実現を目的とする動機が、はたしてボランティアとして正当性があるかどうかということを検討する。

　ところで、1990年代後半から2000年代初期にはたくさんのボランティア関係の書籍が出版されたが、それらはボランティアとは何かの解説や具体的なボランティア活動の紹介などの手引き書といえるもの、あるいはボランティア活動の意義や楽しさを強調する称賛的なものが主であった。しかし、2010年代になると、ボランティア活動に対する懐疑的なもの、批判的なもの、さらには、不要論、終焉論などの書籍も出始めた。それまでのボランティア称賛的なものとは大きく異なる新たなボランティア本である。

　本書も、多くはボランティア活動についての批判的な内容であるが、第4章はボランティアの行動が、時には対象者の生活や人生の妨害になっていることを述べる。他の章が、主にボランティア政策やボランティアを利

用する行政や組織への批判であるのに対して、第4章はボランティア個人に対する提起である。最近起こっている問題も取り上げるが、すでに三十数年も前に出されたボランティア批判をあらためて取り上げて、それが今日ではどうなっているかを考察する。

第5章は、ボランティア活動の根幹である自発性と無償性が、ことによっては都合よく利用されたりして、極めて危険なものであることを、3つの具体例で示す。先に第2章で、ボランティア活動の3原則が揺らいでいること、その揺らぎは社会情勢の変化の中である程度やむを得ぬことかもしれないと述べているのだが、この第5章で提起する自発性・無償性の危うさは、揺らぎとかやむを得ぬことなどとはとてもいえず、筆者が強く危惧するところである。

第6章では、「とはいえボランティア／ボランティア活動は必要である」ということを述べる。かつての相互扶助を新しい形で復活させ、世の中の不公平・不平等を是正するパイオニア（先駆者）として、当事者と連帯し、全ての人の人権を守る運動を進めていくことがボランティアの役割であることを、いくつかの具体的事例を挙げながら述べる。

ボランティア活動が、時代の流れとともに変わりゆくのは自然のことであろう。しかし、どのように変わってきているか、どの方向に変わるのか、なぜ変わるのかに私たちは注視し、変えていくべきものは変えながら、変えてはならないものもあるのではないかということを考えていきたい。一方で、ボランティアの活動や対象者に対する認識については、福祉思想や人権思想と相まって、変わってきているはず、変わるべきであるはずなのに、相も変わらず変わりきっていないことにも当事者は留意すべきではないかと思う。本書がそのことを考えていただく機会になれば幸いである。

目　次

第1章

ボランティアの歴史

第1節　ボランティアの起源

1．ボランティアの語源

　ボランティアという言葉は英語の volunteer のカタカナ表現であるが、この volunteer という英語は、「自発的な意思や決意、覚悟」などを表すラテン語のウォランタス（voluntas）に由来するといわれている[1]。あるいは、ラテン語の「切に求める」という意味である voluntarious が語源である[2]、またはラテン語の volunt（意欲）と arius（傾向）からなる voluntarius がもとになっている[3] などの説もある。いずれにせよ自由な意思、意欲という意味をもつラテン語がその起源であることには違いがない。

2．自警団

　そのラテン語から似たような意味の英語 volunteer が誕生するのは 17 世紀だといわれている。それはイギリスにおいてである。17 世紀のイギリスはどういう時代であったかというと、失業者が多くなり、町の治安は悪く、窃盗や強盗などの犯罪が多発するような社会であった。しかし今のような警察は整備されていないので、守ってくれる行政機関はない。そこで登場したのが、「自分たちの町や地域は自分たちで守る」という人たちである。青壮年の男性を中心に町を自衛する人たちの集団が結成されていく。
　この自警団・自衛団というべき集団を形成している人たちのことをボラ

(1) 田中人（2009）「コミュニティ再生とボランティア」田村正勝編著『ボランティア論』ミネルヴァ書房　p.245
(2) 興梠寛（2003）「ボランタリズム・ボランティア」江幡鈴子・深澤道子編『現代のエスプリ（436）ボランタリズム』至文堂　p.35
(3) 中山淳雄（2007）『ボランティア社会の誕生』三重大学出版会　p.41

ンティアというようになったといわれている。自分たちの町を犯罪から守るために、自分の自発的意志でこの集団に参加した人たちであるから、まさに「自由意志」での行動であり、そういうことから、このような人たちを指す言葉としてラテン語の voluntas、voluntarious、voluntarius から 英語の volunteer が作られたという歴史はうなずけるところがある。

　ボランティアのルーツは、自分たちの町を自分たちで守るイギリスの「自警団」「自衛団」であったことは、今日のボランティアの姿からするとちょっと違うという印象を受ける。しかし、自分たちの生活を守るためのやむにやまれぬ行動であったことは共通する部分もあるかと思う。

3．志願兵

　さて、同じくイギリスでは、違った場面でボランティアという人たちが現れる。それは、「志願兵」あるいは「義勇兵」という人たちである。18世紀になって産業革命を終えたイギリスは、その勢いを海外に向けることになる。世界中に市場を広め、一部の国を植民地化していく。しかし、その過程では当然それらの国とのトラブルも起こる。戦争にも発展する。そこでイギリスでは軍隊の補強が迫られていくのであるが、そのとき、徴兵制度によるのではなく、いわゆる志願して軍隊に入る人を求めていく。こうやって加入した志願兵のことをボランティアと呼ぶようになった。

　それはイギリスだけでなくフランス革命やアメリカの独立戦争に参加する人びとなども指すようにもなり、「ボランティア＝志願兵」という認識が定着していった。ただし、これらは徴兵とは違って自らの意思での参加であっても無償というわけではなかった[4]。中には軍隊での衣食住の支給を目的に失業者等が「志願」することもあったようである[5]。

　このように、ボランティアという語が軍隊、すなわち軍事に関するものとして用いられていたという事実は留意しておく必要がある。それは昔の

(4) 小谷直道（1999）『市民活動時代のボランティア』中央法規　p.28
(5) 中山淳雄『前掲書』p.42

ことであって、今はまったく違う活動に携わる、それも戦争とは真逆のことを行う活動／人を指すという見方があるかもしれないが、はたしてそうなのか。そのことについては第5章第1節でも取り上げるが、ここでは「ボランティア」は今でも「志願兵」「義勇兵」ということを意味していることを記しておく。

　ちなみに、多くの英和辞典では、今日日本で使われている意味（名詞として「志願者」、動詞として「（自発的に）志願する」）が書かれているが、そのあとに名詞として「志願兵」「義勇兵」、動詞として「志願兵になる」という記載がある。逆の和英辞典でみると、「志願兵」は「a volunteer」となっている。

　現実に、2022年2月にロシアのウクライナ侵略で始まった戦争に、日本からも「志願兵」「義勇兵」が参戦している。日本政府はウクライナ全土の危機情報を最高度の「レベル4」（待避勧告）とし、戦闘に加わる目的での渡航は私戦予備・陰謀罪にあたる可能性があるとして警告しているが、実態は少なくとも10人は渡航しているもようである[6]。不幸にしてその中の一人は戦死したと報じられている[7]。これらの報道において、日本のマスコミでは「日本人義勇兵」「日本人志願兵」と表記しているが、英語圏の国では「Japanese Volunteer」ということになる。

---

(6) 西日本新聞（2023.4.25）「日本人義勇兵は10人」
(7) 朝日デジタル（2022.11.11）「ウクライナで日本人志願兵が死亡　20代男性、日本人の犠牲者は初」

第2節　社会活動としての「ボランティア」の登場

1．欧米における「ボランティア活動」の胎動

　後述するようにボランティアは今でこそ多くの分野にその存在が拡がっているが、以前はボランティア活動というのは社会福祉事業との関連で存在していた。イギリスでは 19 世紀になって産業化の負の産物としての貧困が社会問題となり、一方で社会福祉の先進国のシンボルであった貧困法が救貧を制限する改正がなされ、そんな中で民間の慈善的な活動が始まっていく。例えば 1844 年に結成された生活協同組合、同じく 1844 年に誕生した YMCA、1868 年に組織された COS（慈善組織協会）、さらに 1884 年にはその活動の拠点となるトインビーホールが設立されたセツルメント運動、これらのその活動内容は現在私たちがボランティア活動、特に福祉分野のボランティア活動ととらえているものとほぼ同じものであったことは間違いなかろう。

　しかし、その当時はその活動を「ボランティア活動」と称していたかどうかは定かではなく、たとえその言葉が用いられていたとしても一般的レベルにおいてまで浸透していたとは思えない [8]。アメリカにおいても、イギリスからの流れで 1869 年に COS、1886 年にはセツルメント運動が活動を開始するが、同様にここでもこれらの活動を「ボランティア活動」と称していたかはイギリスと同様であると思われる。

2．日本における「ボランティア活動」の前史

　日本においても、欧米と同じような活動は明治以降に拡がっていった。1879 年には生活協同組合の前身である共立商社が設立され、1880 年には YMCA が誕生した。1898 年には片山潜によりセツルメント運動が開始さ

---

(8)　中山淳雄『前掲書』p. 82

れ、1923 年に発生した関東大震災を契機に東京帝国大学の学生を中心に運動は拡がっていく。YMCA も 1880 年に設立される。そして日本独特のものとして、今日の民生委員制度につながる方面委員が 1918 年に発足する。これらの活動はまさにボランティア活動そのものであったが、当時は日本にはまだ「ボランティア」という言葉は使われていなかった。

3.「ボランティア」という言葉の登場

　日本で「ボランティア」という言葉が登場したのは、1932 年の雑誌『社会事業』16 (4) の内片孫一の論文「隣保事業に於けるヴォランチアの役割」だといわれている [9]。しかし、当時はまだごく一部の専門家の間でしか使用されず、一般に使われだしたのは戦後、それも 1960 年代後半である。朝日新聞で 1965 年 1 月 9 日の朝刊に登場し [10]、同年 11 月には大阪ボランティア協会（ボランティア協会大阪ビューロー）が設立されている。それでもその時期はまだ関係者の間でしか知られておらず、普及していくのは70 年代後半になってからである。90 年代になると国民の間ではほぼ浸透するようになり、阪神・淡路大震災を機に誰もが知る言葉となる。

　欧米においても前述したように、セツルメント運動や YMCA などの慈善的な活動は 19 世紀には登場していたが、そのような活動を「ボランティア活動」と称するようになったのは主に戦後である。特に 1970 年代以降、アメリカを先駆けとして世界各国で「ボランティア」と名付けられた活動が、社会状況の変化とそれによって生じた社会問題解決のため、17 世紀より続いてきたボランティアとは違った概念をもって拡がっていった [11]。

　では、「自警団」や「志願兵」として用いられていた「ボランティア」という語を、なぜ戦後になって慈善活動や社会福祉活動にも用いるようになったのだろうか。日本の場合は欧米諸国からの「輸入」かもしれないが、欧米諸国ではなぜだったのか。

---

(9)　中山淳雄『前掲書』p. 44, p. 251
(10)　中山淳雄『前掲書』p. 47
(11)　中山淳雄『前掲書』pp. 82–83

　今日ボランティアの定義（原則）としてよく用いられるのが、3原則といわれる「自発性」「公共性」「無償性」である。セツルメントや慈善組織協会等の活動にはそれが当てはまる。しかし自警団や志願兵にも同様に三つの定義があてはまるのか。少なくとも志願兵は前述したように失業者等が「志願」して参加していたが、そこで報酬を受けていた。公共性も、確かに「国家の（戦争の）ため」ということでは公共性には合致しているかもしれないが、今日のボランティア活動の公共性とはちょっと意味が異なる。

　とすれば、残るのは「自発性」である。17世紀の「ボランティア」と戦後の「ボランティア」との共通点はともに自発的に参加する（した）活動である、ということになる。戦後、もしくは19世紀にはじまった慈善活動・福祉活動は自発的に参加する人たちによるものであるから、同じく自発性（自由意志）に基づき参加した17世紀の自警団・志願兵に名づけられた（自由意志を意味するVoluntasに由来する）「ボランティア」という呼称が付けられたと理解（解釈）できよう。

第3節　戦後日本におけるボランティアの始動と普及

1．福祉分野でのボランティアの登場

　日本におけるボランティア活動は、ボランティア活動とは称していなかったものの同様の活動は第2節2で述べたように戦前も、さらにいえば太古の昔からあった。それは人が共同生活／地域活動をする上ではどの国でも必要なものであったろう。日本には「向こう三軒両隣」という言葉があるし、江戸時代の五人組は、幕府が農民管理のため相互見張りや連帯責任を課すために作ったと説明されることが多いが、物の貸し借りをしたり困ったときに助け合う生活のための互助組織でもあった[12]。戦前はもちろん戦後でもしばらくは「結（ゆい）」「講（こう）」「もやい」などの地域での共済組織が存在していた。婦人会や青年団も相互扶助はもちろん他者扶助活動をしていたし、地域の消防団はまさにイギリスの自警団と同じような組織であった。

　それとは異なる形の「ボランティア活動」が展開されるのは1960年代からである。主として青年・学生、あるいは女性を中心にボランティア組織が作られていく。戦前からの継続であるセツルメントやYMCA等に加えて、戦後に誕生した赤十字奉仕団、BBS、ワークキャンプ等が大学のサークル、あるいは地域のグループとして活動を展開していく。しかし、それでもまだ60年代、70年代はその活動は一部の人たちにしか浸透していなかった。また、活動参加者本人たちはそれを「ボランティア活動」と称していても、マスコミを含めて世間一般には「奉仕活動」といういい方が主流であった。

　ボランティアという言葉や活動が拡大していくのは70年代後半から80年代になってからである。そこにはさまざまな要因があるが、ひとつは国家財政悪化を背景にした70年代後半の政府による福祉見直しがある。福

---

(12) 石川英輔・田中優子（1999）『大江戸ボランティア事情』講談社　pp. 192–193

祉のすべてを国家が担うことの限界を認識した政府は、福祉分野への国民のボランティアとしての参加を意図した政策を打ち出す。全国自治体や市区町村社会福祉協議会にボランティア活動推進の機能を組織化し、1976年にはそれまでの善意銀行や奉仕活動センターを「ボランティアセンター」として統一し、1985年には厚生省（当時）による「ボランティアのまちづくり推進事業」（ボラントピア事業）がスタートする。1992年には全国社会福祉協議会が「全国ボランティアフェスティバル」の開催を開始する。

また、1990年代になると次の2で述べるような教育の場におけるボランティアの導入とも関連して、ボランティア活動が一種のブームとなっていく。新聞等のマスコミで取り上げられることも多くなり、書籍も多数出版される。そして、1995年の阪神・淡路大震災を機にその年を「ボランティア元年」と称するなど、まさにボランティア／ボランティア活動が社会現象となる。

2. 教育分野での普及

もうひとつの動きは教育活動へのボランティアの取り込みである。1977年には厚生省（当時）が「学童・生徒のボランティア活動普及事業」を社会福祉協議会を介して始め、文部省（当時）も1983年に「青少年社会参加促進事業」を開始し、各都道府県では「高校生ボランティア養成講座」が設けられた。

90年代にはいると、各種の審議会等で教育分野へのボランティア活動導入が審議され、さまざまな提案がなされる。生涯学習審議会の「今後の社会の動向に対応した生涯学習の振興方策について」（1992年）では、ボランティア活動を生涯学習に位置づけ、1994年には青少年問題審議会が「『豊かさとゆとりの時代』に向けての青少年育成の基本的動向—青少年期のボランティア活動の促進に向けて」を意見具申する。さらに、1996年の中央教育審議会「21世紀を展望した我が国の教育の在り方について」では、「総合的な学習の時間」とその中におけるボランティア活動を提言、2000年の教育改革国民会議の「教育を変える17の提案」では「奉仕活動

を全員で行うこと」との提案、2002年の中央教育審議会「青少年の奉仕活動・体験活動の推進方策等について」の答申では、「奉仕活動」に加えて「ボランティア」という言葉が十数か所登場する。

　文部省／文部科学省のほうも、1993年に都道府県教育委員会あてに「生徒の個性を多面的にとらえるために、ボランティア活動も積極的に評価するように」と通達し、1995年にはより具体的に「高校入試の内申書におけるボランティア活動歴の積極的評価」について通達して、中学生のボランティアブームを引き起こす。学習指導要領においても、1998／1999年の改訂で初めて「ボランティア活動」という語が登場する。2001年の文部科学省「21世紀教育新生プラン」では奉仕活動・体験活動が強調され、同じく2001年には学校教育法と社会教育法が改訂され、ボランティア活動の充実・奨励に努めることが明記される[13]。

　対象は児童・生徒だけでなく教職員にも向けられ、教員の採用にあたり社会的奉仕活動等の経験を評価すべきとの通達がなされた（1982年）。また、臨時教育審議会では新任教員の夏期の校外研修の一環としてボランティア活動が推奨されたりした（1985年）[14]。

3．ボランティア活動の拡がり

　本節1、2でみたように、1960年代の青年等を中心としたボランティア活動のパイオニア的な取り組みに加えて、1970年代後半から政府とりわけ厚生省（厚生労働省）・文部省（文部科学省）の政策によって、ボランティア活動は一部の特定の人たちの活動ではなく、広く一般の人々のものとなっていった。参加者数の増加に加えて、活動分野が拡大していく。分野が拡大したのでトータルの参加者数が増えた、ともいえる。

　60年代のボランティア活動といえば主に障害者を対象にした福祉の分

(13) ボランティア白書編集委員会（2003）『ボランティア白書』日本青年奉仕協会 pp.176-185
(14) 仁平典宏（2011）『ボランティアの誕生と終焉』名古屋大学出版会　p.318

野、児童養護施設や母子寮（現・母子生活支援施設）を対象にした児童の分野が多かった。もちろん、1959年の伊勢湾台風のときや、古くはのちにセツルメント設立につながる関東大震災後の東京帝国大学学生を中心とした救護活動等の、今日でいう「災害ボランティア」は、なにも阪神・淡路大震災が初めてではない。また、病院で入院患者を対象に活動するボランティアや、古切手やベルマークを集めて発展途上国や学校を支援するボランティアもその当時から存在していた。

　しかし、20世紀の終わりごろから、福祉分野でも高齢者を対象にした活動が多くなり、障害者分野もそれまでの点訳や手話に加えて、移動支援（ガイドヘルプ）や障害者スポーツ活動等にも拡がってきた。災害時でも情報の普及やマスコミの取り上げ、あるいは受け入れ態勢の整備等もあって、今日ではほとんどの災害時にボランティアが即刻集まるようになってきた。海外支援でもかつては物品や金銭の送付が主な活動であったが、今では現地での支援や日本国内に在住する外国人への支援もみられるようになった。

　その分野の幅が拡がるという意味でのボランティア活動の拡がりに加えて、20世紀の終わりごろから21世紀にかけてのもうひとつの特徴は、それまで「ボランティア活動」といっていなかった活動を「ボランティア活動」というようになったことである。例えば、地域での清掃活動や資源ごみの収集活動、あるいは森林や砂浜の保護活動等も「環境ボランティア」というようになったり、衰退する地域の再生や活性化に取り組む活動も「まちづくりボランティア」というようになった。あるいは、地域の子ども会や子ども劇場の世話をする人たちも「子ども育成ボランティア」というようになったり、地域の青少年のスポーツを指導する人たちを「スポーツボランティア」というようになった。昔から行われていた通学路の交通安全活動や学校での花づくり活動やベルマーク活動も「学校ボランティア」、夜間や年末等の見回りも「防犯ボランティア」といわれるようになった。

　公的機関が調査するボランティア活動参加者数でも、どのような活動をボランティア活動とするかは調査によって違いがあるが、範囲が拡がっていることは間違いなかろう。地域の町内会活動もボランティア活動に含め

られ、役員等はボランティアとしてカウントされている調査もある。また、消費者活動や人権擁護活動も内容によってはボランティア活動とみなされるようにもなった。

　ボランティアが増えているかどうかは第3章で再度取り上げるが、少なくともボランティアの概念は拡大している。それはそれでいいと思うが、なぜそういう方向に進んでいるのか、ボランティアの3原則との関連ではどういうふうにとらえていけばいいのか、について次の第2章で考察する。

参考文献
(1) 田中人(2009)「コミュニティ再生とボランティア」田村正勝編著『ボランティア論』ミネルヴァ書房　p.245
(2) 興梠寛（2003）「ボランタリズム・ボランティア」江幡鈴子・深澤道子編『現代のエスプリ（436）ボランタリズム』至文堂　p.35
(3) 中山淳雄（2007）『ボランティア社会の誕生』三重大学出版会　p.41
(4) 小谷直道（1999）『市民活動時代のボランティア』中央法規　p.28
(5) 中山淳雄『前掲書』p.42
(6) 西日本新聞（2023.4.25）「日本人義勇兵は10人」
(7) 朝日デジタル（2022.11.11）「ウクライナで日本人志願兵が死亡　20代男性、日本人の犠牲者は初」
(8) 中山淳雄『前掲書』p.82
(9) 中山淳雄『前掲書』p.44, p.251
(10) 中山淳雄『前掲書』p.47
(11) 中山淳雄『前掲書』pp.82-83
(12) 石川英輔・田中優子（1999）『大江戸ボランティア事情』講談社　pp.192-193
(13) ボランティア白書編集委員会（2003）『ボランティア白書』日本青年奉仕協会　pp.176-185
(14) 仁平典宏（2011）『ボランティアの誕生と終焉』名古屋大学出版会　p.318

第2章

3原則の揺らぎ
―概念の拡散―

第1節　ボランティアの3原則

　多くのテキストでボランティアの3原則について述べられている。あらためて詳述する必要はなかろうが、簡単にいうと「自発性」「無償性」「公共性」であり、これも簡潔に述べれば以下のように説明されている。

①自発性
　　ボランティア活動は、他から強制されてやるものではなく、自分の自発的な意志で参加し、行動するものである。
②無償性
　　ボランティア活動は、報酬（経済的報酬）を求めない。
③公共性
　　ボランティア活動は、自分の利益になることではなく、社会や他人のためになる活動である。

　人によっては別な言葉、例えば公共性ではなく公益性といわれたり社会性といわれたりしているが、その説明としてはほぼ同じである。また、この3原則以外に先駆性とか補完性とかを加えて4原則、5原則とされているものもある。しかし、ここでは3原則についてとりあげ、ボランティア活動が普及・拡大する中で、その概念が拡大・拡散していること、いい換えれば原則が揺らいでいることについて述べる。

第2節　無償性の揺らぎ

1．ボランティア活動の無償性

　3原則の揺らぎの中で、最初に無償性を取り上げる。そもそもなぜボランティアの原則に無償性が含まれているのか。ボランティアの語源であるボルンタス（voluntas）は自発的な意思という意味であった。強制されての行動ではなく、自分の意志で行う行動を指していた。ボランティアと呼ばれていた（前章で述べたように、今でも呼ばれている）志願兵は、自らの意思での参加であっても必ずしも無償というわけではなかったことは前に記した。にもかかわらず戦後に拡がった福祉系を中心としたボランティアについては、この無償性が国内外を問わずその条件として示された。

　それは、ボランティアと称されるそれらの活動が、篤志家の活動であったり社会事業家の慈善的な活動であったりで、まさに無償の活動であったためと思われる。もちろん自発的であったからボランティアと称されたわけであるが、同時に無償の行動でもあったので、ボランティアを指す特徴として、自発性に無償性が加わったと考えられる。

　1960年代の、「元祖ボランティア」といえる人たちは、まさに無償で活動を行っていた。兵庫県で施設奉仕を行った青年ボランティアに謝礼金を支払ったという事実はあるようだが [1] それは当時としてはごく珍しい事例だと思う。通常は行政等の助成などはまったくなく、交通費はもちろん、会合に使う会場費もほとんど自分たちで賄っていた。ボランティア活動のためにアルバイトをしているという学生もいた。

2．「有償ボランティア」問題の起こりと呼称論争

　そういうボランティアに金銭を支給しようという動きは1980年代に始

---

(1) 中山淳雄（2007）『ボランティア社会の誕生』三重大学出版会　p.118

まった。当時、それまでの施設福祉から地域（在宅）福祉へのシフトがはじまり、在宅高齢者へのサービスが求められていた。まだ介護保険もない時代、まさにボランティア活動としての在宅サービスが始まるが、施設福祉と違って在宅福祉の場合、活動の時間が多くなり、また、援助を必要とする高齢者は徐々に増え、ボランティアとしての活動では限界がみえてくる。また、活動が活発になると、もはやボランティア個人では対応できず、事務局を作って組織として活動するところも現れてきた。そうするとそのための人件費、事務所貸借料、光熱水費、通信料等の経費が必要になっていく。そこで、活動を継続して行うためには有償化が必要との声が出始める。

　ところが、その活動をしていた人たちはみんなボランティアであったし、活動グループはボランティアグループであった。その流れで始まった有償化であったので、この人たちを「有償ボランティア」と称するようになった。活動メンバーの確保・定着と、グループ運営のための財政基盤の確保のために、低額の金銭を受け取ることにしたのであるが、この際支払われるのは、労働の対価としての「報酬」ではなく、援助活動への感謝の気持ちの表現としての「（実費弁償を越えた）謝礼金」という表現が用いられることが多かった[2]。活動の始まりはボランティアであったし、有償化しても金額は少なく、気持ちとしてはボランティアであるということから、「ボランティア」という言葉が継続され、それまでの「無償」とは異なるということから「有償ボランティア」となったわけである。

　しかし、当然ながらこの名称にはボランティアから、あるいはボランティア団体やボランティア協会等の組織からも、疑問の声がわきあがる。当時、ボランティアの3原則のひとつとして無償性はほぼ定着していた。しかし一方で、金銭の報酬が必要な事情、従ってそのような活動の必要性も理解されだした。問題は「有償ボランティア」という用語の内部矛盾である。無償のはずのボランティア／ボランティア活動が有償化したらもはや

(2) 齊藤紀子（2022）「『有償ボランティア』における謝礼金がもつ課題と可能性」『日本福祉教育・ボランティア学習学会研究紀要Vol.39』大学図書出版　p.142

ボランティア／ボランティア活動ではなかろう、ということである。

　いろいろなところで是認派と否定派の論争は繰り広げられたが、そして合意が得られたわけではないが、一定の方向性は示された。それは「有償サービス」「有償福祉サービス」といった言葉である。全国社会福祉協議会も1987年に研究会を設置し、その報告書では「実費弁償を越える報酬を得る活動はボランティアとは呼ばない」という見解をまとめ、「住民参加型在宅福祉サービス」という呼称を提起した[3]。しかしながら、その後もなお「有償ボランティア」という言い方はなくなったわけではない。論文等でも散見する。しかし、この形態の活動には「有償サービス」のほうが適切であるし、「有償ボランティア」という呼称は避けるべきであると思う。

　ただし、ここで指摘しているのは「有償ボランティア」という呼称であって、この言葉が発生したきっかけになる低額の謝礼やそれに準ずるような報酬を否定しているのではない。前述したように活動の安定化や本節4で述べるようなサービス受給者とサービス提供者との対等性確保のために、低額の報酬をやり取りする仕組みはあってしかるべきである。それを「有償ボランティア」というのではなく、「有償サービス」とか「住民参加型在宅福祉サービス」と称すれば「有償ボランティア」という内部に言語上の矛盾をもつ用語は使わなくてすむということである。

　なお、前述したように「有償ボランティア」という言葉への批判から、また、介護保険の開始による有料の介護サービスの定着により、一時は「有償ボランティア」という用語の使用もやや少なくなったかに思えたが、介護保険の仕組みの変化のなかで、再び「有償ボランティア」という言葉が目立ちだした。そのことについては第5章第2節5で再度取り上げる。

(3)　中山淳雄『前掲書』p.126

3．政策推進のための有償化

　有償化への流れは、地域での相互扶助活動としてのボランティア活動の限界から発足されたものだけでなく、それに呼応するように政府のほうからの同じような動きがあった。第1章第2節で述べたように1980年代から政府は主として社会福祉の分野でボランティア活動の普及・推進を図ってきた。福祉財政の不足から公的支援だけに頼らず、家族や地域で支えあっていくという「日本型社会福祉論」を推し進めるためには、ボランティア活動が活発になることがぜひとも必要であった。そこで少々の報酬を用意して参加者を増やそうということである。結果的に政府も人材確保のためには有償化することについては同じ方向であった。金銭をいただくことに抵抗を感じる人には、通常の貨幣ではなくその地域でのみ通用する「地域通貨」や、今のボランティア活動の実践時間数分を将来自分がサービスを受けられるようにする「時間貯蓄」制度等も作られた。

　ボランティア活動に対する報酬は、教育分野でのボランティア活動推進の中でもみられた。第1章第3節で述べたように、1980年代に、文部省（当時）によって児童・生徒の思いやり精神の育成や自己啓発を目的として、学校教育の中でのボランティア活動が取り入れられた。これは福祉分野での人的資源の不足解消のためというより、青少年の教育のためのものであるが、その際「ご褒美」があったら彼らのモチベーションも高まるであろうとの意図がなかったとはいえないように思う。授業時間内で行う活動や課外授業として全員で行う活動等では支給されないことが多いが、そうでないときは、多くは「交通費」という名目で、ほとんどの場合その実費に多少は上乗せした金額が用意されてきている。活動が近距離で交通費を要しない場合でも学用品等で報いるということもあった。大学のサービスラーニングとしての取り組みでは、授業の一環であったとしても、参加した学生に対してそれなりの日当が支給されることも珍しくない。

　こうして、厚生労働省による福祉人材確保としての大人へのボランティア活動要請と、文部科学省による心の教育の一環としての児童・生徒に対する参加誘導のために、もはや無償性はほぼ遠のき、ボランティア活動と

有償が両立する状況が出来上がっている。そもそもボランティア活動推進が政策となっているのであるから、福祉分野であろうと教育分野であろうと、当然それには予算が付く。こうして本来の「無償性」はだんだんと希薄化されている。

４．対等性のための有償化

　有償化が進んだもうひとつの背景は、ボランティアの無償性そのものに対するとらえなおしである。無償であればどうしてもサービス受給者は弱い立場になりがちである。サービス内容やボランティア（サービス提供者）の行為に対して注文を付けにくい。不満があっても言いにくい。それは福祉（介護）の場面だけでなく、医者対患者、教師対生徒等でも同じことで、どうしてもサービスを受ける側が立場上弱いということがある。もちろん医療の世界でも教育の世界でもインフォームドコンセントとか授業評価とか、それまでの立場の弱い側を守ろうとする動きは進んでいる。しかしまだ、それは一部でしか進んでいないし、特に福祉の分野では最も遅れているといっても過言ではなかろう。サービス提供者が職業労働者ではなくボランティアの場合、特にそうなりやすい。

　このような立場の非対等性が生じる要因のひとつとして、無償でサービスを提供していることがあげられる。だから、利用者にとっては無償のボランティアではなくて、プロの介助者もしくは有償でのサービス提供者が望ましいということにもなる。ボランティアにもそれ相応の謝礼を出したほうが自分の望むサービスを受けられる、そんな思いの人は多いと思われる。

　ところで、ボランティア活動の原則はなにも３原則だけでなく、それ以外にも前述した先駆性（開拓性）のほか補完性とか主体性とかいろいろ唱えられてきた。そのひとつとして「対等性」というのも多くの関係者からいわれてきた。ボランティア活動というのは、恵まれたものが恵まれていない人に施す活動ではなく、持てるものが持たざるものへ与えるものではなく、強者から弱者へのいたわりでもない。両者（受け手と提供者）は対

等でなければならないという主張は正当である。そのためにも完全な無償ではなく少々の報酬を介したほうが望ましい、というのが有償化推奨のもうひとつの理由である。

　また、以前（特に1960年代、70年代）のボランティアは、要請されたからではなく自分たちのほうから（まさに自発的に）福祉施設等に出かけていって活動を行う形が多かった。だから無償は当たり前だった。ところが、80年代、90年代になると、政府の政策も影響して、施設や行政から依頼があってそれに応じて参加するという形が増えてきた。例えば施設の夏祭りで地域の団体や学校に支援を要請する。そうすると求めた側としては無償では申し訳ないという気持ちもあって、少々の謝礼は出すということがだんだん普通になったのだろう。求められてもいないのに行う活動は当然無償であるが、求められて行う活動には謝礼が支払われるということである。そういう流れからも「ボランティアの無償性」はますます揺らいでいる。

5.「非営利」という概念の参入

　1990年代に入ってこのような有償活動を行う団体が増えてきた。それを正式に形作ろうとしたのが「非営利活動」という新たな概念である。すでに欧米では先行していたNPO（Non-Profit-Organization）がそれにあたる。そのような活動を法的に保証することを求める運動が拡がり、阪神・淡路大震災でのボランティア活動の盛り上がりも追い風になり、1998年にNPO法（特定非営利活動法）が成立した。21世紀に入ってNPOは雨後の筍のごとく設立され、一種のブームとなった。

　NPOとボランティアの区別（相違）については、それ以来さまざまな主張がなされているし、今なお論議されているが、違いのひとつは無償性に関連することである。これまで述べてきたようにボランティア活動が無償から始まり、今日では有償の部分も含まれて（容認されて）きているという状況に対して、NPOは「非営利」すなわち「営利を『目的』とはしない」が活動維持のために「金銭の授受は否定しない」というものである。

　NPO とボランティア団体の違いのもうひとつは、活動の範囲の違いである。NPO のほうが範囲が広く、趣味活動の団体やスポーツ団体などこれまでのボランティア団体にはないさまざまな活動が含まれている。なかには一般企業とあまり違わないものもある。そういう事情もあって当然その数も多く、2020 年 3 月時点では NPO の数は 5 万件を超えている。ボランティアの世界はこの NPO の隆盛に圧倒され、「ボランティア団体はNPO の一部」[4] とか、「ボランティアは NPO に参加型市民社会の主役を譲り」[5] とか評される事態となった。

　その影響もあって、NPO の「非営利性」がボランティア活動にも影響し、ボランティアは無償性ではなく非営利性でいいという風潮が出て、これもボランティアの無償性を空洞化する一因となっているといえる。

6. 活動歴評価という報酬

　変わりつつあるボランティアの無償性であるが、ここまで論じてきた報酬というのはあくまでも金銭や物品などの経済的な報酬であった。しかし、ボランティア活動を行ったときに得られる報酬は経済的報酬だけとは限らない。例えば対象者・関係者からの感謝の意を受けての達成感・満足感、活動をやり遂げたことでの充実感・自己肯定感などの心理的な喜びである。それは活動を通して得られるものであり、「心理的報酬」といってもいい。この心理的報酬はこれまでに論じてきた無償性に関する問題とは別なものであり、過去においても今日においても特に問題とされることはなかったし、むしろ揺らぐことなく肯定されてきた。

　もうひとつ別なことから報酬問題が発生した。1995 年に文部省（当時）から「高校入試の内申書におけるボランティア活動歴の積極的評価」につ

---

(4) 斎藤縣三（1999）「ボランティアと共生」阿木幸男編『ボランティア・パワーの行方』
　　はる書房　p.80
(5) 仁平典宏（2010）「ボランティアの ＜終焉＞ を超えて　－『原則』の歴史から現在を問
　　い直す」『東京ボランティア・市民活動センター研究年報2010 再考、ボランティア』
　　東京ボランティア・市民活動センター　p.24

いての通達が出され、入学試験のみならず就職試験でもボランティア活動
体験が評価されるということになった。そこで、それを目的にボランティ
ア活動に参加する生徒がいたり、中には教師がそれを勧めたりすることも
あった。これには経済的報酬でも心理的報酬でもない、何か別な報酬を目
的としているという印象をもってしまう。もちろん、目的はそうであって
も、その活動が結果的に対象者や地域社会の役に立ったり、児童・生徒
が学習して成長したりという成果が得られたということはあるかもしれな
い。しかしながら、たまたまそういうケースもあるとしても、必ずしもそ
うはならないケースもあるかもしれないし、やはり順序が逆であることは
否めない。自分の進路の利益のための活動であるとしたら、これは無償性
に反する、という批判が一部では出された。

　もっとも、入学試験や就職試験でも、今日ではボランティア活動経験を
評価に入れる学校・企業はほとんどなくなったのではないかと思われる。
定期的・継続的に活動をやっている生徒・学生も、学校行事の一環として
1回、2回何かをやったという生徒・学生も、内申書の記述や面接での発
言では同じようなものになったりして、またボランティア活動歴と入学後・
入社後の行動との相関がみられない等の問題が徐々に明らかになり、「聞
き置く程度」になったのではないかと思う。

　とはいえ、この種のボランティア活動、そして評価の採用がなくなった
わけではない。なぜ文部省／文部科学省はボランティア活動歴を「積極的
評価」するようにしたのか、ということを考える必要がある。そこには（卒
業後の活動も含めて）ボランティアを増やしたい、ボランティア活動を通
して児童・生徒の道徳心や国家・地域への貢献精神を育成したいという意
図が背景にあるのではないかと思われるが、このことについてはこのあと
の第3節2であらたに取り上げる。

7.　無償性の現在

　ボランティアの原則であった「無償性」は、活動の安定のため、参加者
確保のため、対等性保証のため、NPOとの共存のため等のさまざまな要

因から揺らぎ、希薄化し、空洞化ともいえる状態になった。「有償ボランティア」という呼称の問題もまた顕在化し、ボランティアの有償化はもはや既成事実となった。町内会や老人会等の役員は今日ではボランティア活動とみなされることが多いが、ここでも額の多少はあるが、たいてい役員手当が支給される。これもなり手がいないということに対して人材確保のために、というのが実態であろう。

　しかし一方では今なお、「ただ働き」を「ボランティアで…」という言い方は日常的に聞かれる。「今日は休日だけどボランティアで出勤した」とか、「これはボランティアでお願いね」というように。ボランティアが無償であることはどこかでまだ意識されているのである。ボランティア活動に参加していない人の中には、ほんとうにボランティア活動はまったくの無償でやっていると思っている人もいるかもしれない。もっとも、今でも本当にまったくの無償で行われているボランティア活動もけっして無いわけではないし、それが当たり前と思ってやっている人も少なくない。

　いずれにせよ、ボランティアの無償性は1980年代以降徐々に姿を変え、現在は交通費や少々の謝礼は当たり前という風潮になった。ボランティア関係の書籍でも3原則(場合によっては4原則、5原則)の説明はあっても、その内容は変化している。もはや「無償性」より「非営利性」のほうが現実に合った言葉であると思う。説明としても、「(経済的)報酬を求めない」から「営利を目的としない」に代わるということになるだろう。ボランティアの概念が変わった(拡大した)ともいえる。

第3節　自発性の揺らぎ

1．ボランティア活動の自発性

　ボランティア活動は、他から強制されてやるものではなく、自分の自発的な意思で参加するものである。それが自発性といわれるものであるが、これはボランティアの3原則の説明では必ずといっていいほど最初に出てくる。三つの中でも最も重要というか本質的なものとみられていることの証しである。そもそも繰り返し述べたように、ボランティアの語源であるvoluntas は「自発的な意思」という意味であった。

　そのような経過からいっても、また主として 1960 年代から青年・学生や女性たちによって活発化し始めた日本のボランティア活動の実態を見ても、まさに自発的な活動であった。新聞で会員募集したり、大学でチラシを配ったりすると、それなりの手ごたえがあり、文字通り自発的に加入し、活動に参加する姿があった。会員からの勧誘で加入する人も多かったが、それもまったく強制とかではなく、友達の活動を見て、自分の意志で参加しているのであった。

2．自発性を揺るがす義務化

（1）教育改革国民会議の最終報告「奉仕活動を全員が行うようにする」

　しかし、ボランティアという言葉が普及し、活動参加者も活動内容も拡がってくると、自発性とか自発的とかいう原則とはちょっと違うのではないかと思われるものが出始めてきた。ボランティアの拡がりとともに無償性が揺らいでいったように、自発性も同じような流れの中にあるのでは、という疑義が浮かんでくる。

　そのひとつが1990 年代後半から徐々に動きが出て、2000 年の教育改革国民会議の最終報告で明確に提言された「奉仕活動の義務化」である。少し流れを整理すると、1994 年の青少年問題審議会「『豊かさとゆとりの時

代』に向けての青少年育成の基本的方向－青少年期のボランティア活動の促進に向けて－」や、1996年の中央教育審議会「21世紀を展望したわが国の教育の在り方について」第1次答申、同じく中央教育審議会「新しい時代を拓く心を育てるために」答申（1998年）などで、青少年のボランティア活動推進に関する答申等が立て続けに出された。ただ、このあたりまではあくまでも青少年がボランティア活動を行うことの意義とそのための促進施策の必要性を強調することが中心で、それを強制化しようという意図は感じられない。

　しかし、2000年の「教育改革国民会議最終報告－教育を変える17の提案－」は「奉仕活動を全員が行うようにする」という表現で踏み込み、明らかに自発性とは異なる姿勢がみられた。「全員が行うようにする」ということは参加・不参加の選択の余地は残さないということであるから、これは「義務化」と受けとめられ、大きな反響を呼んだ。しかも「小・中学校では2週間、高校では1か月間、共同生活などによる奉仕活動」と時間まで指定し、さらに「将来的には、満18歳後の青年が一定期間、環境保全や農作業、高齢者介護などさまざまな分野において奉仕活動を行うことを検討する」とまで述べている。

　これに対する学校現場やボランティア関係者の声の多くは「義務化はボランティアの大原則である自発性と矛盾する」という批判であった。それに対し、提案者の中からは、「ボランティア活動の義務化」という表記ではなく「奉仕活動を全員が行うようにする」という表現であるので、「義務化するのは奉仕活動であり、ボランティア活動を義務化するのではない。ゆえに義務化はボランティアの自発性とは矛盾しない」という反論が出された。

　しかし、その当時、ボランティア活動を行っている団体の名称が「青年赤十字奉仕団」であったり、「ボランティア白書」を発行している組織名が「日本青年奉仕協会」であったりで、「ボランティア活動」と「奉仕活動」の違いが何であるかは明確でなく、同じものとみなしている人も少なくなかった。とくに、自ら積極的にボランティア活動を行っている人は別として、あまりかかわっていない人は、この二つについてはほとんど同じもの、

つまり「ボランティア活動≒奉仕活動」、中には「ボランティア活動＝奉仕活動」ととらえている人もいたであろう（今でもそうかもしれない）。ちなみに国語辞典を調べてみても、「ボランティア」の説明として、例えば『広辞苑（第七版）』（岩波書店）では「（義勇兵の意）志願者。奉仕者。自ら進んで社会事業などに無償で参加する人。」、『現代国語例解辞典』（小学館）では「社会事業などのために無報酬で奉仕活動をする人。」と書かれており、辞書の世界でもボランティアと奉仕は類似性が高い。

　従って、この報告は「ボランティア活動の義務化」と解釈されたのはごく自然なことであった。もし「義務化（全員が行うようにする）のはボランティア活動ではなく奉仕活動である」と主張するのであれば、その違いを、とくに具体的な活動内容で示すべきであったが、残念ながらそのような発言や文章には出会わなかった。休日に有志で自発的に福祉施設を訪れてサービス活動を行っているのはボランティア活動であって、その同じ施設に授業（学校行事）の一環として全員で行ってサービス活動を行うのは奉仕活動であるなどと言えるはずはない。この提言は、すでに有志によって自発的にボランティア活動として行っているものを、児童・生徒の参加意志の有無にかかわらず、すなわち義務的に全員に行わせようとするものであり、それまで多くの関係者が当たり前のこととして認識していた「ボランティアの自発性」に反するものであった。

　このように、「義務化するのは奉仕活動であり、ボランティア活動の自発性とは矛盾しない」という説明には説得力がなく、義務化問題には多くの反対の声が唱えられ、文部科学省もそう簡単には導入することはできなかった。

（2）表現の変化（1）―「奉仕活動」から「ボランティア活動」へ

　2000年の教育改革国民会議の最終報告のあと、それに歩調を合わせた報告・答申等が次々と出された。2001年の文部科学省が出した「21世紀教育新生プラン　学校、家庭、地域の新生〜学校が良くなる、教育が変わる〜」では、「奉仕活動を全員が行うようにする」という文章は教育改革国民会議報告とまったく変わりはなかったが、「奉仕活動・体験活動」と

いう文言が登場した。文化体験を含めた豊かな体験活動の推進・充実を、「奉仕活動・体験活動」というように奉仕活動と並べて表明した。これは文部科学省の生涯学習政策として出されたものであり、その流れからすると生涯学習のひとつの学習形態として体験活動が奉仕活動とともに出されたともいえるが、うがった見方をすれば、国民会議の報告で反発が多かった「奉仕活動」という部分を、「体験活動」という別な言葉を並列することによって、その反発を薄めようという意図があったのではないかとも思えてしまう。

　次に出てきたのは、2002年の中央教育審議会の答申「青少年の奉仕活動・体験活動の推進方策等について」である。ここでは前述の21世紀教育新生プランと同じく「奉仕活動・体験活動」という「体験活動」と並列した表現であることは同じである。これが「奉仕活動」「奉仕活動等」とともに頻繁に出ているが、それに加えて、これまでなかった「ボランティア活動」という用語が初めて登場する。教育改革国民会議報告でも21世紀教育新生プランでも出てこなかった、そして「ボランティア活動の義務化」反対に応答するために、「全員で行うようにする」のはボランティア活動ではなく奉仕活動であると説明するために、あえてボランティア活動という表現を避けていたのではないかと思われる側が、どういう意図かはわからないがこの言葉を使いだした。例えば、「個人や団体が地域社会で行うボランティア活動やNPO活動など…」とか、「ボランティア活動等の地域活動に…」とか、「学生が行うボランティア活動等を…」とかいうものである。

　ところが前述のように、ここでは「奉仕活動」という言葉も「奉仕活動・体験活動」とともに繰り返し登場する。そして「奉仕活動」と書かれているところと「ボランティア活動」と書かれているところを比べてみても、その違いが明確でない。「奉仕活動」と書かれているほとんどを「ボランティア活動」と書き換えてもまったく違和感がない。中には「個人の自発性は奉仕活動の重要な要素である」というのがあるが、これなどはまさに「ボランティア活動」と書いたほうが適切だと思う。さらにいうと、この文章は「奉仕活動も自発性を重視する」という趣旨になるから、中央教育審議会も奉仕活動は義務化になじまないといっているようなものである。

とにかく「奉仕活動」と「ボランティア活動」が区別されているようでも
なく、脈絡なく混在して書かれている。

　もっともこの答申が文部科学省からの「青少年の奉仕活動・体験活動の
推進方策等について」の諮問に対する答申であったから、「奉仕活動・体
験活動」という表現を中心に書かざるをえなかったのだろう。しかし一方
で、さすがにこの時代（2000年代冒頭）、「ボランティア活動」と書かざ
るをえないところもあったものと思われる。「奉仕活動」という言葉にこ
だわらざるを得ない事情と、世間では普通に「ボランティア活動」と称し
ている事情のなかで、極めて統一感のない、時代遅れの言葉を頻出させた
答申である。

　ここまでは審議会等の報告や答申についてであったが、これらと並行し
て学習指導要領でもボランティア活動という言葉が出始める。1998年（高
等学校は1999年）改訂の学習指導要領で、総合的な学習の時間の学習活
動を行うにあたって配慮すべきものとして、「自然体験やボランティア活
動などの社会体験」という表現が初めて登場する。ボランティア活動を自
然体験と並べて「社会体験（のひとつ）」と位置づけている。また中学校
の学習指導要領では、道徳教育について記述した中で、ここでも「ボラン
ティア活動や自然体験活動などの豊かな体験を…」と書かれている。さら
に高等学校学習指導要領では、「就業やボランティアにかかわる体験的な
学習の指導…」という記述で、望ましい勤労観、職業観の育成に資するも
のとしてボランティア活動を取り上げている。

　2001年には教育関係の法改正が行われた。学校教育法の一部改正では
「児童の体験的な活動、特にボランティア活動など社会奉仕体験活動、自
然体験活動その他の体験活動…」と書き表された。この文面から考えると、
ボランティア活動は自然体験活動と同じく「体験的な活動」のひとつであ
り、それは「社会奉仕体験活動」に含まれるということになる。すなわち、
ボランティア活動を奉仕活動（正確には社会奉仕体験活動）と位置づけて
いる。1998年の学習指導要領では「奉仕活動」という言葉はいっさい使
われていなかったが、学校教育法では「社会奉仕体験活動」という表現で
示された。さらに社会教育法の一部改正でも学校教育法と同様「ボランテ

ィア活動など社会奉仕体験活動」という記述となった。

(3) 表現の変化（2）―「全員」が消える

　ここまで文部科学省の「21世紀教育新生プラン」、中央教育審議会の「青少年の奉仕活動・体験活動の推進方策等について」、1998年改訂の学習指導要領、2001年改正の学校教育法と社会教育法をみてきた。これらの中で「21世紀教育新生プラン」は「奉仕活動を全員が行うようにする」という形で、いわば義務化ととれる表現を教育改革国民会議から引き継いでいる。しかし、「青少年の奉仕活動・体験活動の推進方策等について」、学習指導要領、学校教育法・社会教育法では、「奉仕活動を推進する」とか「ボランティア活動を積極的に取り入れる」とか「社会奉仕体験活動の充実に努める」などの表現であり、「全員で」とかの表現はなくなっている。

　これは奉仕活動であろうとボランティア活動であろうと（奉仕活動といおうとボランティア活動といおうと）、推奨はよいが強制はよくないという認識が浸透したと受けとめることもできよう。2000年冒頭に抱いた「ボランティア活動の義務化」という懸念は、もしかしたら取り越し苦労であったのかもしれない。

(4) ソフトな義務化の動き

　しかし「全員で」という表現こそ直接には書かれていないが、「全員で」「義務的に」ボランティア活動をさせることを否定してはいない。「推進する」とか「努める」という表現にはなっているが、やはり「全員で」「義務的に」ボランティア活動を「させよう」とする意図が見え隠れする感は否めない。その背景のひとつに、これまで「教科外の活動」とされていた道徳教育が、2018年度（中学校は2019年度）から「特別の教科」に格上げされたことがある。心の教育とか思いやり精神の育成とかいう意図で、その目的達成のためにボランティア活動が活用（利用）される可能性が高い。その際、道徳教育は教科のひとつであるから、活動は全員でやるのが当たり前であり、そこでは自発性は求められない。あらためて義務化の声が出ることが予想される。

　もうひとつの背景として、総合的な学習の時間の導入による学校現場におけるボランティア活動の拡がりがある。これも授業の一環であるから「全員で」行うことは珍しくない。その中で児童・生徒の変化・成長がみられたり、地域での評価が高まったりする。それらの体験を通して、「ボランティア活動は基本的には自発的であるべきだが、教育の一環として、時には義務的にやらせるのも教育上いいのではないか」と考える人も出てくるだろう。

　総合的な学習の時間や道徳の時間に、たとえ義務的であっても、学校外でそういう体験活動をするのは教室の授業より楽しくていいという児童・生徒もいるかもしれない。生徒自身にとっても保護者にとってもそれが進路にとって有利ならなおさらである。授業の一環として行うのであり、児童・生徒が拒否をしなかったら、「全員で行うこと」は問題でないとみなされる可能性は少なくない。とくに活動内容や展開の仕方を児童・生徒たち自身に考えさせ、児童・生徒の意志を尊重して行うとなれば、そこには児童・生徒の主体性が発揮され、それを介して自発性も生まれ、さらに高まることが期待される。そうすると、「全員で」「授業として」「参加者の合意のもとで」進められるボランティア活動が、強制感をにじませる「奉仕活動の義務化」などというものではなく、児童・生徒の「体験活動」のひとつとして拡がっていくことになるかもしれない。たとえ自発的ではなくても、同調圧力が後押しして全員というのがかえって抵抗なく参加できるかもしれない。

　かくしてボランティアの3原則の中でももっとも基本とされる「自発性」は、まさに揺らぐことになる。「ボランティア活動は他者からいわれてやるのではなく、自分の意志で参加するものである」などという解説は、もはや過去のものになってしまうかもしれない。無償性に続いて自発性も空洞化されてしまいそうである。

（5）新たな呼称の道
　しかしここで考えなければならないのは、2000年の教育改革国民会議最終報告から議論が始まった、このような体験としての教育活動を、必ず

しも「ボランティア活動」と称する必要はないのでないか、ということである。「義務化反対」の人でも、一連の報告・答申で提起されている「体験活動」のひとつとして、「社会の役に立つ」活動を取り入れることには反対はないだろう。それを「ボランティア活動」と称することに反対なのである。

　従って、何か別な名前を与えればいいのである。「無償性」を「非営利性」と言い換えるように。最近大学等で取り上げられている「サービスラーニング」がひとつの候補になるかもしれない。しかし、サービスラーニングは学びも大事にするがサービスの結果も重視する。大学生ならいざ知らず、小学生や中学生にそれを求めるのははたしてどうなのか。ゆえに、サービスラーニングはあまり適切ではなかろう。むしろ「サービス活動」または「サービス学習」がいいのではないだろうか。あるいは、少し堅苦しいが「地域貢献活動（地域活動）」「社会貢献活動（社会活動）」などもいいのではないかと思う。

　こうやって学校で「全員で」「義務的に」おこなう教育活動をボランティア活動とはいわずに別な言葉にすれば、「ボランティアの自発性」は原則として維持されるということになる。そして、「無償性」を「非営利性」に、あるいは「有償ボランティア」を「有償サービス」と言い換えるのと同じように、この問題も一見落着となるかもしれない。

（6）やはり残る自発性の揺らぎ

　しかし、呼称を変えたとしても内容がほとんど（あるいはまったく）同じものを、「自分の自由な時間に個人的立場で自発的に行うボランティア活動」と、「授業時間に、あるいは学校行事で、全員で（義務的に）行うサービス活動（体験活動）」の区別がつくのか、という懸念は消えない。当事者（児童・生徒、指導者、受け入れ側）も、直接関係していない一般市民も、そう簡単に区別はできないと思われる。前者をボランティア活動という以上、参加に対する児童・生徒の姿勢は異なるかもしれないが内容が同じであるなら、後者もボランティア活動と称されても仕方ないだろう。自発的であろうと半ば義務的であろうと「無償（非営利）でサービス活動

を行うこと」はボランティア活動とみなされてしまう。やはり、「ボランティアの自発性」は揺らぎの最中（さなか）にあると言わざるをえない。

3．揺らぎの拡大 ── 学校以外の場面で

　さらに学校以外でも自発性の揺らぎがみられる。例えば、行政や関連団体が催す福祉関係等の行事に、参加者確保のために地域の団体に参加人数の割り当てが行われたり、災害時に企業が社員を休日にボランティアとして派遣したりすることもある。地域での人間関係や社内での立場上断ることの気まずさゆえに、実は非自発的に参加しているものであっても「ボランティアとしての参加」になってしまう。それらは、皮肉をこめてか実感を述べているのか「ボランティア動員」と称されることもある。まさに「有償ボランティア」と同じく、「ボランティア」と「動員」という相いれないような言葉がつながってできた言葉である。さらには、ときには「ボランティアで参加する」ことを「動員」と同義語的に使われることもあったりする。

　動員といえば、東京オリンピック・パラリンピックのボランティア募集や待遇が問題になったが、そんな中において各大学が自校の学生をたくさん参加させたいという思いが過熱して、まさに動員競争の体をなしているむきがみられた。実際は無観客での実施のためその動きは弱まったが、今後もこのような催しがあった場合、学生の自発性が保証されるかが心配される。

　記憶に新しい出来事では、2023年11月23日の「阪神タイガース、オリックス・バファローズ優勝記念パレード」での来場者の対応に、兵庫県と神戸市が参加した職員には公務扱いで代休が取れるという処置をとったのに対して、大阪府と大阪市は職員に何の手当も代休もない「ボランティア」としての参加を募集した。しかも、大阪府知事は「あくまでも任意」と述べていたが、大阪市は部局ごとに集める人数の目安を伝えるなどしていたという。「特定球団のイベントの公費負担は違法の恐れがある」との理由で「ボランティア」という方法を選択した大阪府と大阪市に対して、

参加者の集め方からも自発的な参加とは言いがたく、業務内容からして公務として扱うべきだとの声も関係者からは出され、論議を呼んだ[6]。ちなみに、この件でも、マスコミは「ボランティア動員」「ボランティアとして動員」等の言葉を用いて報道していた。

　ボランティアと自発性の関係でもうひとつ疑問に思うことは、「罰としてのボランティア活動」である。例えば交通違反者の軽微違反者講習の中に（「実車指導等」との選択制ではあるが）道路清掃等を行う「ボランティア等」というのがある。都道府県によって呼称は異なり「社会参加活動」と称しているところもあり、それであれば特段問題とは思わないが、はっきり「ボランティア等」と説明されているところもある。しかもこれは講習料金を払っての参加であり、皮肉にも無償性どころか本人が「お金を払って社会貢献活動を行うこと」がボランティア活動ということになる。

　ボランティアというものが一般的になり、多くの人たちにその言葉が浸透していったために、さまざまな場面でボランティアの概念が多様化（拡大）して、ボランティアとは「無償（非営利）で社会貢献すること」に限らず、それに加えて「指示に従ってみんなで参加すること」とかいう解釈もされかねず、「自発性」が薄らいだり本来の意味からずれて、揺らいでいるのが今日の姿である。

(6)　弁護士ドットコムニュース「阪神・オリックス優勝パレード『ボランティア動員』問題、労働弁護士『事実上の強制、批判は真っ当』」（2023/11/24）https://www.bengo4.com/c_5/n_16820/

第4節　公共性の揺らぎ

1．ボランティアの公共性

　3原則の三つ目は公共性である。公益性とか社会性とかいわれることも あるが、要は「ボランティア活動というのは、自分の（利益の）ためでは なく、他人や社会のために行うものである」ということである。

　ボランティアという言葉が最初に用いられた自警団は、まさに自分たち の町を守ることを目的として作られた。盗賊等との戦いも予想されるし、 自分の身の危険もあったかもしれないのに、地域・集落のために身を挺し たのであるから、自警団はまさに公共性をもった人たちであった。志願兵 も、一部では失業者等が生活のために参加したということでは「自分のた め」と言えなくもないが、それでも国家のために戦争に参加する（それが 長い目でみて本当に国家のためになったかどうかは分からないが、そのと き当事者はそのように考えたのであろう）わけであるから社会性をもった 活動であったといえよう。19世紀以降の、とりわけ戦後の福祉分野での ボランティア活動は、まさに立場の弱い人たち、困っている人たちのため の活動だった。ボランティアの公共性をそのまま示すような活動であった。

　日本でもボランティア活動は「ひとさまのため」の活動という認識が定 着し、ボランティア活動を奉仕活動と同じものとみなすことがあるのもそ れを物語っている。国語辞典での説明に必ずといっていいほど「社会事業 などに参加する人」というのがあるのも、他者のため、社会的弱者のため というのが共通認識されていることを示している。

　このようにボランティアの公共性（公益性、社会性）は万人の認める原 則といえる。しかし、今日のボランティア／ボランティア活動の拡がりの なかで、自発性や無償性のような揺らぎはないかといえば、そうでもない といえそうである。まずは、参加動機にかかわる問題から取り上げよう。

2．自己実現

（1）自己実現型の「ボランティア」

　ボランティア活動への参加動機に「自己実現」をあげる人が少なくない。1960 年代までは福祉関係の活動に参加する社会志向型のボランティアが多かったのに対して、70 年代から 80 年代にかけて自分の可能性を高めたいとかいった自己実現型のボランティアが増加しているという[7]。(現在では批判や追加説明もあるが) 人間の欲求には、[生理的欲求－安全欲求－社会性欲求－自尊欲求－自己実現欲求] の 5 段階があるというマズローの欲求 5 段階説によれば、人間の最高次の欲求が自己実現ということであるが、ボランティアもこの自己実現の欲求に駆られて活動し、自己実現こそがボランタリーな活動を支える意欲の根源になるというのである[8]。つまり、ボランティア活動の動機でもあり、継続のモチベーションにもなっているもののひとつが自己実現という機能であるということである。

　自己実現は、別にボランティア活動でなくてもいい。音楽活動や創作活動の目的のひとつは自己実現でもあるだろうし、スポーツも一種の自己実現を目指すものである。アルバイトも経済的活動であるとともに、学生によってはそれが自己実現の場になっていることもある。音楽やスポーツに生きがいを求めるように、ボランティア活動にそれを求めるのはごく自然なことである。

　なお、ボランティア活動の目的としてあげられる「自己実現」は、成長欲求、自尊感情、自己効用、自己啓発、生きがい、社会的効力感などとほぼ同じようなものといえる。これも最近よくいわれる「自分さがし」にもつながるものがあるかもしれない。青少年には「自分さがし」、高齢者には「生きがい」を目的とする言説が多い。

---

(7) 飯笹義彦（1994）「障害者をめぐるボランティア」　森井利夫編『現代のエスプリ (321) ボランティア』至文堂　p.75
(8) 田尾雅夫（2001）『ボランティアを支える思想　超高齢社会とボランタリズム』すずさわ書店　p.75

（2）自己実現と公共性

「自己実現」のためにボランティア活動を選ぶというのは、意図的にそうするということもあれば、それを目的としたわけではないが潜在的にそういう意識もあったかもしれないという場合もあるだろう。あるいはそういう気持ちはなかったが、やっているうちにそれに気がついたというようなこともあるかもしれない。自己実現のために活動を始めたり、やってみれば自己実現の場になっていたというように、いずれにしてもここでの自己実現は活動者本人の意識である。

ところで「自己実現」のためという意識での行動というのは、それは「自分のため」の行動である。言い換えると「自分の利益」のためという動機からの行動である。ということは「他人のため」の行動とは言い難い。自発的であろうと無償（非営利）であろうと、それが「自分の（利益の）ため」であったらまさに「公共性」に反するのではないか。と、ひとまず「自己実現」のための活動は「ボランティアの公共性」に反するといえる。

しかし、これには次の反論が予想される。いや、「自己実現」を目的としてボランティア活動に参加したとしても、それが「結果として」他人や社会の役に立つのならばそれでいいのではないか、活動の対象者も、「結果として」支援を受けられるのならそれで意義があるのではないか、と。その視点でみると、「自己実現」を目的としたボランティア活動参加は、公共性に反するとは言いきれなくなる。

しかしながら、ほんとうに「結果として他人や社会の役に立つ」とは限らない。とくに、活動が環境美化とか災害後の土砂処理などの物的なものが対象ならばまだしも、（直接、間接に）人を相手にした活動であったら問題が生じる可能性が否定できない。「自己実現」が目的であるがために、相手を観察の対象にしたり、自分のしたいこと中心の活動になったり、準備なしに臨んだりすることが心配される。また、「生きがい」や「自己効用感」の裏返しに、パターナリズム的行動（例えば当事者に対する指導的態度）や非対等の姿勢（例えば上から目線の対応）が懸念される。まさに当事者不在の、自己満足の活動になってしまうかもしれない。あるいは、自己実現という目標が満たされなさそうに感じたら、途中でやめてしまうという

ことも考えられる。

　もちろん、そういうことではなく、目的は「自己実現」であっても、対象者にていねいに対応し、大きな貢献を果たすこともあるだろう。むしろそのような人が多いかもしれない。しかし、再度述べれば、その保証が必ずあるとはいえない。迷惑をかけることになってしまうこともあり得る。「何らかの役に立ちたい」と思ってやった場合でも、結果として迷惑をかけてしまうこともあるかもしれないが、その場合と「自己実現」目的で迷惑をかけてしまうのとは同一には受けとめられないのではないかと思う。

（3）ひろがる自己実現型ボランティアへの期待

　とはいえ、このような「自己実現」や「自分さがし」がボランティア活動の動機として肯定され、施設や被災地などの人手不足の現場ではそれもボランティアとして受け入れて（受けとめて）いるのが実態だろう。しかもそれがあたかも一種のトレンドのような風潮も感じられる。論文や書籍等で、「ボランティアには社会志向型と自己実現型がある」と書かれていることがよくあるが、これは社会志向型とともに自己実現型もボランティアとして認知されているということである。

　ボランティア活動をひろげたい、ボランティアを増やしたいという側からも自己実現という言葉が出されている。例えば、1993 年に厚生省中央社会福祉審議会が示した「参加型福祉社会」の構想では、自己実現をするためにコミュニティへの積極的な参加を奨励している [9]。2000 年度の国民生活白書では「好縁社会」の提起として、自己実現の視点からボランティア活動へと人々を駆り立て、追い立てていくかのような社会の流れがあるとの指摘もある [10]。

　また、児童・生徒のボランティア活動が、その意義として自己実現・やりがい等の効用が多くの関係者から論じられているが、次の例では高齢者のボランティア活動にも言及されている。2018 年度から始まった「介護

---

(9) 関嘉寛（2008）『ボランティアからひろがる公共空間』梓出版社　p.82
(10) 津止正敏（2009）「チャレンジドケースの発生現場」津止正敏・斎藤真緒・桜井政成著
　　　『ボランティアの臨床社会学』クリエイツかもがわ　p.61

予防・日常生活支援総合事業」では、要支援者の生活支援のために「NPO、ボランティア等によるサービスの開発を進める」としてボランティアの参加をもとめ、とくに高齢者ボランティアの支援活動が「高齢者自身の生きがい」となるとして積極的な参加を呼びかけている（第5章第2節参照）。もちろん繰り返し述べてきたように、この活動も結果として社会のため、他人のためになることは十分に期待できる。しかし少なくともボランティアの原則としての「社会や他人のため」という趣旨からは、ずれてきている。それでもそれをボランティア活動とみなす今日の風潮は、「社会や他人のため」という「公共性」の原則も揺らいでいるひとつの姿であるといえよう。

(4) 呼称の変更を

　では、「自己実現」のために施設を訪問したり災害現場に行くことは否定されるのかというと、そうではない。行くのはいいだろう。しかしそれを「ボランティア」ということで行くのが問題ではないかということである。「自己実現」や「生きがい」あるいは「自分さがし」が目的であるのだから、ボランティア活動というのではなく「社会参加活動」「社会体験活動」「社会学習活動」という形で行えばよいのではないか。「有償ボランティア」を「有償サービス」と言い換えるように、あるいは「無償」を「非営利」と言い換えるように。

3.「公共性」の多義性

　そもそも「公共性」とは何か。『広辞苑』（第七版）によれば「広く社会一般に利害や正義を有する性質」とあるが、やや一般的・抽象的すぎて分かりにくい。「公共」の定義も「社会一般。おおやけ」（『広辞苑』第七版）とそっけないし、専門的な書籍をみれば難しくて結局よくわからない。そこでボランティアの原則について述べた文献のなかでの説明を拾い上げてみる。

　公共性とは「社会の発展や心豊かな生活づくりをめざす活動」[11]、「自

分のためではなく、みんなのため、社会のために行う」[12]、「社会にとって役に立つ活動」[13]、「個人の利害や特定の人びとに利益を還元することを目的とせず、公共の利益を追求する活動」[14]、「成果を社会に還元していく」[15]、「個人的な利益や楽しみのための活動ではなく、共に生きる豊かな社会の創造を目指すこと」[16]、「自分や自分とかかわりのある特定の個人、あるいは限定された関係機関・団体のためにボランティアを行うのではなく、不特定多数の一般人、あるいは関係機関・団体のためにおこなうもの」[17]と説明されている。

原則の説明の中で公共性の代わりに公益性や社会性、あるいは福祉性という用語で説明されているものもある。それによると、公益性とは「活動が他人や社会の役に立つということ」[18]、「その成果が広く人々や社会に利益をもたらすこと」[19]、社会性とは「その時代の課題をみつめ、他者へかかわり、共感、連帯して生きる」[20]、「直接または間接に他者に役に立つこと」[21]、福祉性とは「自己のみの利益ではなく、共同体(コミュニティ)の成員や、苦難をもつ一人ひとりの人間の福祉を向上させるもの」[22]との説明である。

いずれもこの章の冒頭に書いた「自分の利益になることではなく、社会

(11) 中嶋充洋 (1999)『ボランティア論』中央法規 p.18
(12) 原田隆司 (2000)『ボランティアという人間関係』世界思想社 p.30
(13) 内海成治 (2001)『ボランティア学のすすめ』昭和堂 p. iii
(14) 興梠寛 (2003)「ボランタリズム・ボランティア」 江幡鈴子・深澤道子編『現代のエスプリ (436) ボランタリズム』至文堂 p.36
(15) 大沼透 (2004)「学校のボランティア」立田慶裕編『参加して学ぶボランティア』玉川大学出版部 p.67
(16) 新崎国広 (2005)「ボランティア活動とは」岡本栄一編『ボランティアのすすめ』ミネルヴァ書房 p.24
(17) 川村匡由 (2006)『ボランティア論』ミネルヴァ書房 p.4
(18) 入江幸男 (1999)「ボランティアの思想」内海成治・入江幸男・水野義之編『ボランティア学を学ぶ人のために』世界思想社 p.6
(19) 米山岳廣 (2006)『ボランティア活動の基礎と実際』文化書房博文社 p.7
(20) 吉村恭二 (1999)『ボランティアの世界』中央法規 p.38
(21) 池田幸也 (2006)『現代ボランティア論』久美 p.16
(22) 岡本栄一 (1981)「ボランティア活動をどうとらえるか」大阪ボランティア協会編『ボランティア 参加する福祉』ミネルヴァ書房 p.31

や他人のためになる活動」という説明と大差はない。ボランティア活動の定義として当たり前のことであり、そのことがボランティアゆえんでもあった。

　ところが近年ボランティア活動が拡がっていく中で、この原則も揺らいできた。例えば、社会福祉協議会等にボランティア団体として登録されているものや、行政がボランティアとしてカウントしているものの中には、音楽や手工芸などの趣味の会や、子ども会や高齢者団体・障害者団体・女性団体等の当事者団体、あるいは町内会や商工会等の地域団体も含まれていることがある。たしかに福祉施設を訪問して趣味を活かしたボランティア活動をすることもあるだろうし、子ども会や高齢者団体が街の美化活動を行うこともある。町内会や商工会も直接的・間接的に地域に貢献している。つまりこれらの団体が活動の一環としてボランティア活動を行っていることは否定できない。しかし、本来は趣味の会であったり自分たちの生活や権利を守るための団体である。それをボランティアととらえるとすれば、公共性の「自分の利益になることではなく、社会や他人のため」という原則がここでも揺らいでいるといえよう。

　ボランティア活動と市民活動との関係も、公共性の問題に関係している。1960年代の「住民運動」・「市民運動」から、80年代には「市民活動」という形に変容し、90年代には「ボランティア・市民活動推進政策」や「ボランティア・市民活動センター」という言葉が登場した。公害反対運動や反戦・平和運動などやや過激的な印象を与える「運動」から、「活動」という穏健なものになり、その市民活動がボランティア活動と並べて表記された。この両者の間の「・」（中点）は「ボランティア」と「市民活動」は異なるもので その合体（and）を表すものとも解釈できるが、それよりも「ボランティア」と「市民活動」を似たものではあるがまったく同じものではないということでこのような表現になったのだと思われる。

　「似たもの」とされる市民活動の中には、必ずしも「社会や他人のため」が目的でなくても、活動が類似しているということでボランティア活動ともみなされるものがあるだろう。こうして「ボランティア・市民活動」という新たなジャンルが誕生したこともボランティアの範囲を拡げ、その副

作用で公共性（公益性、社会性）の原則の揺らぎを招くことになる。

　NPOの登場も影響を受けた。NPOとボランティアの関係についても、「ボランティア団体はNPOの一部」[23]というものをはじめ諸説あるが、NPO法人の種類を示す20の活動にも、ずばりボランティア活動そのもの（例えば、「保健、医療又は福祉の増進を図る活動」「環境の保全を図る活動」「災害救援活動」など）もあれば従来の定義からいうとボランティア活動ではないというもの（例えば「経済活動の活性化を図る活動」「学術、文化、芸術又はスポーツの振興を図る活動」などもある。しかし、両者はだんだんと親和的になり、ボランティアは「NPOに主役の席を譲っていくと同時に、『ボランティア』概念の空洞化が進んでいく」[24]という見方まで現れている。NPOの登場でボランティアの原則が空洞化されたというわけである。

　一方で、例えば施設新設に対する反対運動やダム建設反対運動は、まさに「自発的で無償な活動」である。誰かから強制されたのでもなく、営利のためでもなく、自分たちの生活を守るために活動は行われる。しかしこれらは通常ボランティア活動とはいわれない。あるいは、辺野古新基地建設反対運動や反戦運動・護憲運動は、それが自発的で無償であることは明白であっても、絶対にボランティア活動とはみなされない。それは多分、運動に参加している人たちは、それが「地域住民のため」「社会のため」「日本のため」という意識であるとしても、ボランティア活動とはみなさない立場の人たちは、「公益にならない」「日本のためにならない」とみているからであろう。公共性は時には「政治性（政治的）」でもある。

　一体、公共性（公益性、社会性）とは何なのか。誰が「公共性（公益性、社会性）がある」「公共性（公益性、社会性）はない」を決めるのか。その基準があるのか。かつて地下鉄にエレベーターを設置してほしいという運動が障害者団体によって各地で行われた。そのとき、それを「そんなお金を使って作っても、何人の障害者が利用するのか」という冷ややかな態

(23) 斎藤懸三『前掲書』p.80
(24) 仁平典宏『前掲書』p.9

度でみられたり、極端には「障害者のわがまま」と切り捨てられることも
あった。しかし、今そのエレベーターを使っているのは、数からいえば圧
倒的に健常者である。これほど公共性（公益性、社会性）のあった運動が、
その当時は（一部からではあったかもしれないが）否定されたのである。

　この点からも、公共性があらためて問われているし、ボランティアの3
原則が揺らいでいるといえる。今日のボランティア観の拡がりに合わせて、
自発的で非営利的であれば、「他人や社会のため」でなくて「自分／自分
たちのため」であっても、それはボランティア活動ということにするのか。

　しかし、となれば大変なことになる。例えば暴走族は「自分の意志で、
非営利で、自分の楽しみのため」に車を走らせている。それをボランティ
ア活動といえるかといえば、まったくそうではない。趣味の会や当事者団
体のケースと暴走族の違いは「自分の楽しみ」が他人に迷惑をかけないか
どうかである。従って、「公共性」を「他人や社会のため」というのでは
なく「反社会的ではない」とか「公序良俗に反しない」と言い換えること
も可能である。すなわちボランティア活動とは「自発的で非営利的な反社
会的でない（公序良俗に反しない）活動」となってしまう、ということで
ある。

　そういうややこしい定義はまず受け入れられないだろう。ここでいえる
のは、「公共性」の定義は難しく、従ってボランティアの定義もあいまい
になるということであり、無償性、自発性と同様、公共性も揺らいでいる
ということである。

参考文献

(1) 中山淳雄 (2007)『ボランティア社会の誕生』三重大学出版会　p.118

(2) 齊藤紀子 (2022)「『有償ボランティア』における謝礼金がもつ課題と可能性」『日本福祉教育・ボランティア学習学会研究紀要 Vol.39』大学図書出版　p.142

(3) 中山淳雄『前掲書』p.126

(4) 斎藤懸三 (1999)「ボランティアと共生」阿木幸男編『ボランティア・パワーの行方』はる書房　p.80

(5) 仁平典宏 (2010)「ボランティアの ＜終焉＞ を超えて － 『原則』の歴史から現在を問い直す」『東京ボランティア・市民活動センター研究年報 2010 再考、ボランティア』 東京ボランティア・市民活動センター　p.24

(6) 弁護士ドットコムニュース「阪神・オリックス優勝パレード『ボランティア動員』問題、労働弁護士『事実上の強制、批判は真っ当』」(2023/11/24) https://www.bengo4.com/c_5/n_16820/

(7) 飯笹義彦 (1994)「障害者をめぐるボランティア」 森井利夫編『現代のエスプリ (321) ボランティア』至文堂　p.75

(8) 田尾雅夫 (2001)『ボランティアを支える思想　超高齢社会とボランタリズム』すずさわ書店　p.75

(9) 関嘉寛 (2008)『ボランティアからひろがる公共空間』梓出版社　p.82

(10) 津止正敏 (2009)「チャレンジドケースの発生現場」津止正敏・斎藤真緒・桜井政成著『ボランティアの臨床社会学』クリエイツかもがわ　p.61

(11) 中嶋充洋 (1999)『ボランティア論』中央法規　p.18

(12) 原田隆司 (2000)『ボランティアという人間関係』世界思想社　p.30

(13) 内海成治 (2001)『ボランティア学のすすめ』昭和堂　p. iii

(14) 興梠寛 (2003)「ボランタリズム・ボランティア」 江幡鈴子・深澤道子編『現代のエスプリ (436) ボランタリズム』至文堂　p.36

(15) 大沼透 (2004)「学校のボランティア」立田慶裕編『参加して学ぶボランティア』玉川大学出版部　p.67

(16) 新崎国広 (2005)「ボランティア活動とは」岡本栄一編『ボランティアのすすめ』ミネルヴァ書房　p.24

(17) 川村匡由 (2006)『ボランティア論』ミネルヴァ書房　p.4

(18) 入江幸男 (1999)「ボランティアの思想」内海成治・入江幸男・水野義之編『ボランティア学を学ぶ人のために』世界思想社　p.6

(19) 米山岳廣 (2006)『ボランティア活動の基礎と実際』文化書房博文社　p.7

(20) 吉村恭二 (1999)『ボランティアの世界』中央法規　p.38

(21) 池田幸也 (2006)『現代ボランティア論』久美　p.16

(22) 岡本栄一 (1981)「ボランティア活動をどうとらえるか」大阪ボランティア協会編『ボランティア　参加する福祉』ミネルヴァ書房　p.31

(23) 斎藤懸三『前掲書』p.80

(24) 仁平典宏『前掲書』p.9

第3章

ボランティア活動の
参加者と動機

第1節　ボランティア活動への参加者

1．日本におけるボランティア活動への参加率

　ボランティア活動への参加率についてはさまざまな報告がある。2016 (平成28) 年の総務省統計局が実施した「社会生活基本調査」での「年1回以上、ボランティア活動をおこなっている人」は 26.0％であった。また、2011 (平成23) 年に経済企画庁が実施した「国民生活選好度調査」での「ボランティア等への参加経験者」は 24.6％であった。三谷 (2016) によれば、アメリカのギャラップ社が 2008 年におこなった調査「あなたは先月、何らかの組織でボランティア活動をしましたか」では、日本は 24.7％であった[1]。質問の仕方 (質問文)、特に調査対象期間が「年」であったり「月」であったりでそれぞれ異なるが、3つの調査では結果はほぼ一致し、ボランティア活動に参加している日本人は 25％前後 (4人に1人) ということであった。

　しかし「ボランティア活動への参加者数」というものを正確に把握できるのかという疑問はある。ボランティア概念の拡がりで、ボランティアとしてカウントされる活動の範囲があいまいになったり、調査する側の質問の仕方で、回答者が自分の行動をボランティア活動とみなすかそうでないかが分かれることにもなるからである。自治会主導の年1、2回の街の清掃活動に参加したことを「ボランティア活動に参加した」とするかどうかはその人次第であろう。ここではその事情は踏まえたうえで、上記の調査等を参考にしておおかたの動向をみることにする。

2．参加率の経時的変化

　「社会生活基本調査」は 1976 年から5年おきに実施されている。調査項

---

(1) 三谷はるよ (2016)『ボランティアを生みだすもの』有斐閣　p.35

目名が途中で変わったり、質問文も違っているので単純に比較はできない
かもしれないが、結果は表1の通りである。1976年（奉仕的な活動）か
ら1981年（奉仕的活動）にかけて大幅に低下している理由はよく分から
ない（「奉仕的活動」より「奉仕的な活動」のほうがより広い範囲の活動
として受け止められるのか？）が、1981年以降は1991年の29.9%、2001
年の28.9%以外は26%前後でほぼ同じような数字になっている。すなわ
ち1980年代から行動者率（参加率）はほとんど変化していない。

表1　ボランティア活動の行動率

調査実施年	調査項目名	行動者率（%）		
		全体	男性	女性
1976年	奉仕的な活動	35.4	35.7	35.0
1981年	奉仕的活動	26.0	25.9	26.1
1986年	社会奉仕	25.2	24.9	25.4
1991年	社会的活動	29.9	28.3	31.5
1996年	社会的活動	26.9	25.6	28.1
2001年	ボランティア活動	28.9	27.0	30.6
2006年	ボランティア活動	26.2	25.1	27.2
2011年	ボランティア活動	26.3	24.5	27.9
2016年	ボランティア活動	26.0	25.0	26.9

注：齊藤ゆか（2013）を参考に総務省「社会生活基本調査」より作成[2]

　ここで注目されるのが、この活動が奉仕的活動→社会奉仕→社会的活動
→ボランティア活動と、呼称（活動名）は変わっても、行動者率（参加率）
はほとんど変わらないことである。その時に応じて項目名（そして質問文
も）が変えられたものと思われるが、答えた人たちもそれに合わせてこれ
らをほぼ同じものとして受け止めていたと考えられる。

(2) 齊藤ゆか（2013）「『社会生活基本調査』にみるボランティア活動の変化」『生涯学習研
　　究紀要』聖徳大学　p.34

　前述した「国民生活選好度調査」では、（調査は毎年行われているがボランティア活動に関する質問は不定期であり）2000 年が 31.2%（現在参加している：8.5%、過去に参加したことがある：22.6%）、2009 年度が 26.0%、2010 年度が 21.5%、2011 年度が 24.6% であった。この調査でも 2010 年度がやや少ないが他はおよそ 20% 台後半から 30% 程度で、だいたい 4 人に 1 人という数字は 2000 年以降変化していない。

　そのほかの調査として 1995 年の「社会階層と社会移動全国調査」、2010 年の「2010 年格差と社会意識についての全国調査」などがあるが、これらの分析をした三谷（2016）は「ここ数十年における日本人のボランティア活動参加率は大きくは変化していないことが改めて確認される」と述べている [3]。

3．ボランティア活動への参加層（属性による相違）

　どのような人がボランティア活動に参加するかということを、ここでも「社会生活基本調査」（2016）でみてみよう。

(1) 年齢別

　まず、行動者率を年齢階級別にみると、40 〜 44 歳が 32.2% と最も高く、続いて 45 〜 49 歳が 31.4%、70 〜 74 歳が 30.0%、65 〜 69 歳が 29.8% となっており、「40 歳代」と「60 代後半・70 代前半」が多い。その間の 50 代〜 60 代前半も 29% 前後である。一方、20 代〜 30 代前半は 20% にも及ばない。75 歳以上もそれ以下に比べると大きく下がり 20% となっている。

　子育てが一段落して時間的にも心理的にも余裕が出てきた 40 代と、退職して時間はたっぷりあり、それまでのキャリアを十分に活かせる前期高齢者世代がボランティア活動へと向かうのに対して、逆に仕事や子育てに精一杯の 20 代・30 代と、体力等の衰える後期高齢者世代は、行動者率が

(3) 三谷はるよ『前掲書』p.71

減少していくという姿がみえてくる。

(2) 男女別

　次に、男女別にみると、全体としては男性25.0%、女性26.9%と、若干女性が多い。女性では40歳代が圧倒的に多く（40〜45歳が39.4%、45〜49歳が35.7%）、男性は65〜74歳が多い（65〜69歳が31.0%、70〜74歳が31.7%）。年齢別では全体的に二つの山があったが、前半（40歳代）は女性で、後半（65歳〜74歳）は男性で高い率に寄与していることが分かる。もっとも65〜74歳の女性も28%台であるから後半の山は女性も影響を及ぼしている。なお、三谷（2016）は40代女性が多いのは学齢期の子どもがいることから、学校を通じたボランティア活動がなされやすいからだと推測している[(4)]。

　ちなみに、活動の種類別行動者率をみると、男性は「まちづくりのための活動」が12.3%ともっとも高く、次いで「子供を対象とした活動」が6.0%であった。それを男性行動者率の高い65〜74歳でみると「まちづくりのための活動」は65〜69歳が18.6%、70〜74歳が18.3%と極端に高い。「まちづくりのための活動」というのが具体的にどのような活動を指すかはこの調査では明確ではなく、停滞した商店街をよみがえらせようとする活動や、地域の美化・環境整備活動等が考えられるが、この中には自治会や町内会での活動が含まれているのではないかと推測される。民生委員はもとより、最近は自治会や町内会の活動もボランティア活動とみなされるようになったし、また、老人会で街や公園等の清掃や子どもの登下校時に交通安全の見守りを行う活動もあり、それらがこの年代の高齢者によって担われている実態を反映した数値であると推測される。

　それを裏付ける別の調査（内閣府「高齢者の経済活動に関する意識調査」（平成23年））がある。これによると、60歳以上の高齢者のうち過去1年間に何らかのボランティア活動に参加した人の割合は47.0%（男性51.5%、女性43.9%）となっているが、これを活動別にみると、男女とも「自

---

(4) 三谷はるよ『前掲書』p. 39

治会等の役員・事務局活動」が最も多く（男性 32.9％、女性 24.0％）、次いで「地域の環境を美化する活動」（男性 14.3％、女性 7.2％）となっている。

　一方、「社会生活基本調査」による女性の活動種類別行動率をみると、「子供を対象とした活動」が 10.6％ともっとも高く、次いで「まちづくりのための活動」が 10.4％となっている。ここでも行動者率が高い 40 歳代をみると「子供を対象とした活動」が 40 ～ 44 歳で 28.9％、45 ～ 49 歳で 22.3％となっており、三谷がいう「学校を通じたボランティア活動」も含まれるが、自分の子どもが所属する子ども会や子ども劇場等がかなりのウエイトを占めているのではないかと思われる。あるいは PTA もボランティア活動という認識で、これにかかわっている人たちが「参加している」と答えたとも考えられる。

　女性は 40 歳代が子ども関係の活動に、男性は前期高齢者が町内会活動にかかわって、それが今や女性、男性それぞれのボランティア活動の中心になっている姿が映し出されているのではないだろうか。

　男女別の参加率では上記の報告とはかなり異なるのもある。2010 年の全国社会福祉協議会による「全国ボランティア活動実態調査」では、回答のあった 2,288 人のボランティアのうち、女性が 68.8％、男性が 31.0％であった。参加者は女性が約 2 倍ということである。ただしこの調査報告は、さきほどの「社会生活基本調査」や「国民生活選好度調査」とは調査方法が違う。「社会生活基本調査」や「国民生活選好度調査」が、国民から無作為に選んだ人のうち回答のあった人（例えば 2016 年版「社会生活基本調査」では男性 85,299 人、女性 93,998 人）の中で、男性の 25.0％、女性の 26.9％が「ボランティア活動に参加した」ということであるのに対して、「全国ボランティア活動実態調査」は、ボランティア活動を行っている 2,288 人の内訳が男性 31.0％、女性 68.8％ということである。この 2,288 人というのはおそらく多くが社会福祉協議会のもとで活動しているボランティアであろう。ということは、主に福祉関係（高齢者や障害者を対象とした活動）に携わっている人たちと推測される。このような活動への参加者は女性が 2 倍近いというのは実感としてうなずける。ちなみに「社会生活基本調査（2016 年）」の詳細をみてみると、「高齢者を対象とし

た活動」は男性2.8%、女性4.8%、「障害者を対象とした活動」は男性
1.2%、女性1.8%であり、福祉関係は女性が2倍というこの推測はほぼ
間違いないと思われる。

　すなわち、ボランティア活動に参加している人の男女別の割合はさほど
差はなく、女性が社会福祉協議会等の組織のもとで福祉関係の活動に参加
している人が多いということに対し、男性は福祉以外の地域活動等に参加
している人が多いという姿が読み取れる。

4．諸外国との比較

　前述のアメリカのギャラップ社が2008年におこなった調査では、日本
が24.7%（38カ国中14位）であったのに対し、もっとも高かったアメリ
カは41.9%、第2位のニュージーランドが41.5%、第3位のノルウェー
が38.9%、第4位のカナダが38.1%、第5位のオーストラリアが37.9%
であった。これらの国に比べると日本の参加率はかなり低いが、アジアの
中では最も高い。ちなみに、アジアでは日本のあとはインドネシア23.1%、
韓国21.3%、インド12.8%、中国3.9%となっている [5]。

　同じギャラップ社の調査とはいえ、それぞれの国で調査を行う時の質問
文や調査方法まで同一とは限らないかもしれないので単純には比較できな
いが、北米とヨーロッパがボランティア活動への参加率が高く、アジアは
低いという結果が示されている。参加率の高い国々はキリスト教の隣人愛
の教えを中心とした宗教的な背景や国民性がボランティア活動への参加を
促しているものと考えられるが、東洋も仏教の慈悲や儒教の仁という教え
がある。宗教的な理由だけでなく別な理由があるかもしれないが、ボラン
ティアという言葉との出会いの時期や、どのような活動をボランティアと
いうかの違いなどもあるのではなかろうか。

---

(5)　三谷はるよ『前掲書』p.36

5．ボランティアは増えているのか

(1) データでみる参加率の推移

　本節2でいくつかの資料をみたが、どの調査でもある時期から（だいたい1980年代以降）ボランティアは増えていないことを指摘した。では1980年以前の参加状況（参加率）はどうだったのか。「社会生活基本調査」では1976年から1981年にかけて低下していると述べたが、単なる偶然か、統計上の誤差かもしれない。しかし、次のような指摘をみると必ずしも偶然や誤差ではないかもしれないという思いに駆られる。

　中山（2007）は「1972・73年に行政やマスコミの参加によって『ボランティア』は一種のブームを引き起こし、70年代半ばに多くの参加者を集める」が「ブームが収束を見せる70年代後半は『ボランティア』に対するニーズの増加が起こる反面、参加者不足に悩まされることになる」と、70年代後半に参加者が減少したと分析している[6]。

　また、東京ボランティア・市民活動センターも「昭和50年代の半ばから、ボランティア関係者の間からボランティア活動への市民の参加意欲にかげりが見えはじめたのではないかとの声がではじめ、それはいまも続いている。（中略）ボランティア活動への市民の参加が昭和40年ごろまでのような勢いをなくしていることだけは確かである」[7]、「1970年代に盛り上がりを見せたボランティアスクールも、1980年代に入ると次第に参加者に鈍りが目立ち始め」「大幅な減少が見られるようになっ」[8]た、と述べている。これらの記述は1980年代からはボランティア活動は下降線に向かうというものである。

　しかし、逆の指摘もある。例えば野尻（2001）は、80年代に「ボランティア活動が最初のブームを迎える。そして90年代に第二の新しい伸長

---

(6) 中山淳雄（2007）『ボランティア社会の誕生』三重大学出版会　p.55
(7) 東京ボランティア・センター（2010）「今日的状況下でのボランティア活動に関する基本問題研究」東京ボランティア・市民活動センター編『再考、ボランティア』東京ボランティア・市民活動センター　pp.129-130
(8) 東京ボランティア・センター　『前掲書』p.147

を示すことになる」[9] と、80年代、90年代が成長期との認識を示し、森井（1994）は、1994年発行の『現代のエスプリ』の冒頭に「ここ数年、わが国の社会でボランティアブームといってよいほどの現象がおこっている」[10] と記述している。米山（2006）も、「この1995年を『ボランティア元年』というようになった」と述べたあと、「このような社会状況を背景とした人々のボランティア活動への関心は高く、まさにブームといってよいくらいである」[11] と、ここでも「ブーム」という言葉でこの時期のボランティア活動を表している。しかしながらこれらの記述でも「ブームを迎える」とか「新しい伸長」という抽象的な表現であり、証拠を示すような数値的な提示はない。

　全国社会福祉協議会全国ボランティア活動振興センターが発表している社会福祉協議会への登録ボランティアの総人数をみると、1980年の1,603,452人から毎年増え続け1995年には500万人を越え、2003年には7,791,612人となっている。この数字からみるとやはり80年代以降も参加者は増え続けているといえる。しかしこれは政府のボランティア活動推進政策もあって団体の組織化が進み、「それまで散在していた活動が『目に見えるようになってきた』」ことや、「それまでカテゴリーに含まれていなかった活動が、単純に『ボランティア』概念に含まれるようになった」ことによる「増えている『ようにみえる』」[12] だけだとみることもできる。参加者の年齢からみても、ここ数回の「社会生活基本調査」報告によると、増えているのは60歳以上の年齢層であり、それ以下はむしろ減少している。とくに他の年代より行動者率（参加率）の高い40歳代では、2001年と比べて2016年は3〜4%減少している。一線を退いた高齢者が、ボランティア活動に（しかも本節3（2）で分析したように、町内会活動等に）参加することによって全体の数が維持されていて、一方の中堅層は仕事や

(9) 野尻武敏（2001）『現代社会とボランティア』ミネルヴァ書房　p.16
(10) 森井利夫（1994）「ボランティア―これまでとこれから」森井俊夫編『現代のエスプリ（321）ボランティア』至文堂　p.5
(11) 米山岳廣（2006）『ボランティア活動の基礎と実際』文化書房博文社　p.18
(12) 中山淳雄　『前掲書』p.62, p.224

子育てに精一杯でボランティア活動どころではないという姿が見えてくる。

　減少している年代でいえば、もっとも減少幅が大きいのは10〜14歳である。2001年36.3％であったのが2006年には28.2％[13]となっている。28.2％というのは全体の平均26.0％とほぼ同じであり[14]、この年代が他の年代に比べて特に低いというわけではないが、参加率がもっとも下がった年代とはいえる。それは多分1995年に文部省（当時）が「高校入試の内申書におけるボランティア活動歴の積極的評価」について通達して、実際に中学・高校ではその方向で対応したこと、そしてそれがやがて形骸化したことによる一時的な増減だと思われる。

(2)「ボランティア元年」の虚像

　ボランティアは増えていない、あるいはむしろ減少しているという実態に反して、ボランティア活動が「ブーム」になっているとの主張と並行して作られた言葉が「ボランティア元年」である。そもそも「元年」というのは「比喩的に、ある物事の出発点となる最初の年」（『広辞苑（第七版）』）である。1995年の阪神・淡路大震災の年がボランティア元年とされるが、たしかにこの年の震災地に出向いたボランティアは過去にない人数であったろう。ボランティア活動に対する認識もスタイルも変わったかもしれない。しかし、阪神・淡路大震災より前にも、例えば1959年の伊勢湾台風のとき、今と違ってきちんとした記録が残っていないので人数等は明確でないが、多くのボランティアが災害復旧のために集まっていた[15]。また、関東大震災（1923年）後に東京帝国大学の学生を中心とした学生救護団による被災者救援活動は、その後の学生セツルメントの誕生につながるものであり、これこそをボランティア元年だという声もある[16]。

(13) 村上徹也（2009）「統計データで見るボランティア活動の現状と課題」『ボランティア白書2009』日本青年奉仕協会　p.45
(14) 村上徹也『前掲書』p.44
(15) 斎藤懸三（1999）「ボランティアと共生」阿木幸男編『ボランティア・パワーの行方』はる書房　p.66
(16) 池田浩士『ボランティアとファシズム』人文書院　p.45

　前述した「社会生活基本調査」報告でも、また全国社会福祉協議会への登録ボランティアの総人数でも、1995年を境に人数が増えたということは見いだせない。社会生活基本調査では1991年が29.9%、1996年が26.9%で、むしろ減少している。全国社会福祉協議会への登録ボランティアでは1994年3月が4,997,496人、1995年3月が5,051,105人、1996年3月が5,313,546人で、確かに増加はしているがわずかである。震災後の連日のマスコミ報道の結果として、ボランティア活動が目に見えるようになっただけのことであり、その年の震災ボランティアは増えたかもしれないが、ボランティア全体が増えたとは言い切れないのではないかと思う。地域の関係者からもボランティアが集まらないという声も少なくない。点訳講座や手話教室を開催すると、かつては多くの受講者が集まり、その種の団体もにぎわいを見せていたが、今日ではなかなか集まらず、しかも会員が高齢化して、組織の維持も難しくなってきているところもある。災害時のボランティアもたまたま大学の長期休暇中であったらたくさん集まるが、そうでない時期であったら休日以外は手が足りないとか、スポーツイベントやお祭り的な行事のボランティアは集まるが、地味な活動には集まらないとかいう現場の声も聞く。

　すなわち、「ブーム」といわれて増えているかのように思われているボランティアは、客観的データからも現場の感覚からも増えてはおらず、いわんや1995年を機に「元年」というほどにボランティア活動が急に活発になったということではない、というのが実態ではないかと思われる。

(3)「ブーム」の実像

　求められているのに、そして昔に比べれば生活時間や経済的には余裕がでてきたはずなのに、さらに、しきりにその意義や効果が唱えられて政策として進められているのに、増えてはいない。ではなぜ、本当は増えてもいないのに増えているという言説が流行しているのか。

　真相を探るのはなかなか容易ではないが、ひとつの見方は、「奉仕活動」というちょっと堅苦しい言葉から、「ボランティア活動」というあいまいではあるがフレッシュな言葉になり、政府の後押しがあり、受け入れ態勢

的にも経済的にも参加しやすくなり、震災や水害で活動の機会が増え、教育界での参加機運も高まり、以前はボランティア活動の範疇には入っていなかった活動もボランティア活動の中に組み入れられ、マスコミの礼賛的取り上げも多くなり、それらが総合的に作用して「ブーム」といわれ、参加者の実数増加の根拠がないにもかかわらず、ムードや感覚で、なかには期待感で、ボランティア／ボランティア活動が「増えた」と社会ではみられたということではないだろうか。

　もうひとつの視点は、「作られた」あるいは「期待された」増加でありブームである。同じ「元年」を冠する言葉になった「福祉元年」（1973 年）もほとんど実態はないまま、日本は 1970 年代後半には福祉見直し論が登場し、日本型福祉社会を目指すことになる。そこではボランティア活動等民間活力の活用が政策のひとつの柱になる。すなわち、財政危機もあって、到来した少子高齢化に対しては公的福祉サービスだけではやっていけない。従ってボランティアなしには高齢化社会を乗りきることはできないという状況のなかで、ボランティアを増やす、ボランティア活動気運を高めるということが、政府にとっては絶対に必要な政策となった。1975 年に全国社会福祉協議会が「中央ボランティア・センター」を設置すると、厚生省（当時）の指導により、都道府県レベル・市町村レベルで「奉仕活動センター」が設けられ、ボランティア活動推進機関・団体の組織化が進められた。1980 年代には在宅福祉重視の政策的転換に伴い、ボランティア活動を「育成・援助」する施策から、地域における社会資源として「活用」する方向を示し始めた (17)。

　1980 年代末から 1990 年代にかけて「ボランティア」が日本政府の国家戦略となり、政府のボランティア関係施策は厚生労働省や文部科学省だけでなく、建設省、自治省、農林水産省、法務省、警察庁と、あらゆる省庁にわたっている。予算を付け、活動の場（会場）を提供し、広報で教宣し、お祭りを催し、保険も主催者が用意し、表彰をする。それまでボランティアとはいっていなかった活動もボランティアの範疇に入れ、参加者数・参

(17) 東京ボランティア・センター『前掲書』pp. 151-152

加率のアップを作り出す。それによって「作られたブーム」だったのではないか。

　ちょうど震災で関西にボランティアが集まり世間の注目をあびたことを機に、言い出したのはマスコミかもしれないが、政府も1995年を「ボランティア元年」と称して、あるいは「国民総ボランティア」「一億総ボランティア」とか「ちょボラ（ちょこボラ）」という新たなキャッチフレーズを作り出して、再度参加者増に向けたアクセルを踏むという政策をとる。それは第1章第3節2で示したように、教育の分野でも各種審議会等でしきりに青少年のボランティア活動への参加を促す答申を続けたこととも軌を同じくする。

　参加者が増えないだけでなく、「国民生活選好度調査」の結果によれば、「ボランティア活動に参加してみたい」という人も、1996年66.6％、2005年63.6％、2008年60.8％、2010年46.5％、2011年50.3％と、こちらも（年によって増減はあるものの）全体としては減少している。繰り返し指摘してきたように、80年代、90年代の多くの省庁を通した扇動的な取り組みにもかかわらず、実動数のみならず希望者まで政府の思うように拡がらない。それは今日においても同じである。

　なぜ増えないのか。人々に時間的・心理的に余裕がないからか。必要性・緊迫性を感じないからか。政府の啓発が足らない、もしくは方法が適切でないからか。本来はまさに個人の自発的な行動であるはずのボランティア活動を、国の政策として促されることへの違和感からか。あるいは、そういう人々の意識がどうであれ、そもそもボランティア／ボランティア活動が増える必要はなく、だから増えないことを問題にしなくてもいいということなのか。答えは見いだせないが、現実（実態）は世間のイメージ・空気とは異なり、決してボランティア活動への機運が盛り上がっている状況ではないことは確かである。一方で自然災害のときは多くのボランティアが参集する実態をみると、国民はけっして冷酷ではないことも確かである。

第2節　ボランティア活動への参加動機

1．ボランティア活動参加動機のメカニズム

（1）宗教的動機と人道的動機

「人はなぜボランティア活動に参加するのか」ということについては、さまざまな視点からのさまざまな分析がある。欧米での、自警団や志願兵という形のボランティアとは別な流れの、生活困窮者に対する救済活動としてのボランティア活動の起源は、「中世における教会や寺院によってなされた宗教的慈善活動」であったが、しかしそれだけでは「生活困窮者の問題が解決されるには程遠」く、それに加えて「宗教的背景によらず人道主義的な動機からの博愛事業（フィランソロピー）など、ボランタリー・アクションが、貧弱な公的対策を代替、補完する機能を果たしていた」[18]。すなわち今日の形のボランティア活動の出発は中世ヨーロッパにおける宗教的な動機と人道的な動機であったといえるが、これらは現在においてもボランティア活動の動機の代表的なものである。

　とくに欧米では宗教団体の慈善活動は組織のミッションとして取り組まれてきたし、今もそうである。ボランティアへの参加と教会への参加は正の相関関係があるとする報告[19]もあり、後述するように三谷（2016）は宗教的信念や教会を通じた信仰者間のネットワークがボランティアになりやすいと述べている。また人道的な動機からのボランティアといえば古くは慈善組織協会（COS）やセツルメントがあり、昨今ではホームレス支援や子ども食堂などたくさんの事例をみることができる。この動機の特徴は、本来ならば行政（国家）のやることかもしれないが実態はそうなっていない中で、「ほっとけない」という思いからの行動といえる。

---

(18)　森井利夫『前掲書』p. 8
(19)　渡辺芳（2003）「宗教系ボランティア団体におけるミッションの解釈課程」『日本ボランティア学会 2002 年度学会誌』日本ボランティア学会　p.75

（2）利他的動機と利己的動機

　ボランティア活動の動機については利他的動機と利己的動機という形で説明することが多い[20][21]。「利他」というのはまさに「自分を犠牲にして他人に利益を与えること」（『広辞苑（第七版）』）であり、ボランティアの3原則の公共性（公益性、社会性）そのものを意味する。「利己的」というのは自己中心ということではないが、第2章4（2）で取り上げた「自己実現型のボランティア」「自分さがしのボランティア」「生きがい」等を指すだろう。

　この分け方は外発的動機（問題解決型動機）と内発的動機（自己実現型動機）という区別[22]にも近い。前者は問題を見出し、それを解決するために活動に参加するという動機であり、後者は自己実現のために活動を行うというものである。

　脇坂（2010）は「ボランティア・モチベーションには、①利他主義（Altruism）アプローチ、②利己主義（egoism）アプローチ、③複合動機アプローチの3つの考え方がある」とし、②には「一般交換理論（巡り巡って自分の益となると考えてする行為）、投資理論（自分への投資）、消費理論（旅行やスポーツのように、自分の楽しみのために行う）」があるとしている[23]。

　動機というよりもタイプとしてみた場合、この両者は「他者志向型」と「自己志向型」[24]、あるいは「社会志向型」と「自己実現型」[25]の相違に近い。

(20) 西出優子（2007）「ソーシャル・キャピタルの視点から見たボランティア活動の意義」日本青年奉仕協会『ボランティア白書2007』日本青年奉仕協会　p.45

(21) 小野晶子・山内直人（2002）「経済学からみたボランティア」大阪ボランティア協会『ボランティア活動研究第11号』大阪ボランティア協会　p.69

(22) 興梠寛（2001）「平成12年度『国民生活白書』を読む」『ボランティア白書2001』日本青年奉仕協会　p.42

(23) 脇坂博史（2010）「ボランティア組織の運営」柴田謙治・原田正樹・名賀亨編『ボランティア論』みらい　p.211

(24) 仁平典宏（2011）『「ボランティア」の誕生と終焉』名古屋大学出版会　p.336

(25) 飯笹義彦（1994）「障害者をめぐるボランティア」森井利夫編『現代のエスプリ（321）ボランティア』至文堂　p.75

　なお、(1)で述べた宗教的な動機と人道的な動機は、どちらも宗教的にあるいは人道的にみての他者への援助行動であると考えられるので、利他的・外発的・他者（社会）志向動機に含まれると考えられる。また、公害運動や反戦運動等の市民運動から引き継がれたボランティア活動も、基本的には利他的・外発的・他者（社会）志向動機から取り組まれたものといえよう。企業のボランティア活動も、とらえ方によっては当該企業のイメージアップを図る営業活動の一部とみなされるかもしれないが、素直にみると自社の利益を社会に還元するという利他活動である。

　一方の利己的・内発的・自己志向（自己実現型）動機に関しては、純粋な自己実現願望、自分さがしのほかに、他人からの称賛への期待や自分の社会的評価（ステイタス）を目的としたもの（社会的承認欲求）、不祥事のみそぎ、入試や就職を意識したキャリア目的、ファッションとしてのボランティア活動などが含まれる。

　西洋を中心に浸透してきた「高貴なるものの義務（ノーブレス・オブリジェ）」は「貴族の（社会に還元する）義務」「恵まれている者の義務」ととらえれば利他的・外発的・他者（社会）志向動機と解釈できるが、それでもって自分の社会的地位（高貴であること）を示そうとするものであれば利己的・内発的・自己志向動機とみなせるかもしれない。

　このように利他的動機であるか利己的動機であるかは明確に分けられるものとはいえず、多くのボランティアはその両方の動機を持ち合わせていて活動に参加しているものと思われる。従ってそれぞれのボランティアの立ち位置は二つの直交する軸で表される２次元の平面上の点として示すことができる。いくつかの動機を例として表せば図１のようになるだろう。

(3) 第三の動機

　この二つ（「利他的・外発的・他者（社会）志向型」と「利己的・内発的・自己志向／自己実現型」）に、新たに第３の動機を加えて論じたものも散見する。西出（2007）は利他的動機と利己的動機に加えて「ソーシャル・キャピタル的動機」という視点を提起している。ソーシャル・キャピタル的動機というのは、「仲間や友人などのネットワークを広げたい、または

図1　ボランティア活動の動機

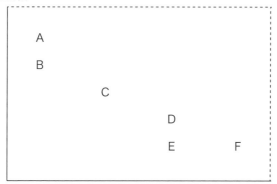

利他的動機

A

B

C

D

E　　　　　F

利己的動機

A：人道的動機　　B：宗教的動機　　C：企業の社会的貢献
D：みそぎ　　　　E：自分探し　　　F：キャリア目的

知人や友人に誘われた・頼まれた、義理など、人と人とのつながりがきっかけになっている」⁽²⁶⁾ ことを動機としたボランティアである。

　また、東京ボランティア・センター（2007）は他者志向的動機（社会への貢献）と自己志向的動機に、「役職上の義務に基づくもの（立場上やむを得ず）」と「社会的義務感に基づくもの（社会の一員として当然）」を加えている⁽²⁷⁾。「役職上の義務に基づくもの」というのは町内会等の地域団体の役職という立場からのことと思われる。「社会的義務感に基づくもの」というのは「外発的・利他的・他者志向」動機とほぼ同じものとも解釈できるが、例えば納税と同じようにそれが特別なことではなく当然なこととして行われているという意味で、あえて別なものとして加えられたのであろう。

　動機ではなく型での区別で仁平（2011）は社会的義務型（他者志向型）と自己指向型に加えて「役割義務型」というものを取り入れている。役割

---

(26)　西出優子『前掲書』p. 45
(27)　東京ボランティア・センター『前掲書』p. 122

義務型というのは「『町内会の役員など、なんらかの地位にともなって期待される役割を遂行』する『お世話型』」[28]ということである。前述した「役職上の義務に基づくもの」もそうであったが、町内会等の役員としての責務がひとつの動機になるということである。

　他者のため、自分のためという動機とは別に、「つきあい、義理、役職上、立場上、しがらみ、義務感」といったこれらの動機は、特段ボランティアという認識でなくても、むしろ昔から人々は自然な形で行ってきたものである。ボランティアとは意識されない行動かもしれないが、もともと地域の中で相互扶助という形で取り組まれてきた互助活動である。互酬性といってもいい。また、日本には「義によって助太刀いたす」という言葉があるが、まさにこれも義理とつながりから起こす行動であり、第三の動機に含まれるものである。論語の「義を見てなさざるは勇なきなり」というのもそれに類するものといえる。こういう義理人情、つきあい、助け合い（互酬）といった心が希薄になってきたから、新たな形として今日のボランティアが必要になってきたともいえるのではないだろうか。

（4）社会学や心理学での説明

　「動機」という言葉は使っていないが、三谷（2016）は「ボランティア行動の説明理論」として資源理論、共感理論、宗教理論、社会化理論の4つを挙げており、それぞれ次のようなものと説明している。

　資源理論というのは、時間やお金という活動に伴う資源の豊富な人たちがボランティアになりやすいというものである。従って社会の中で高階層の人や教育水準が高い人がボランティア活動に参加しやすいということになる。ただし、三谷は、1995年の「社会階層と社会移動全国調査」と2010年の「2010年格差と社会意識についての全国調査」を分析し、教育水準に関しては1995年も2010年も高学歴の人ほどボランティア活動に参加する傾向があったのに対し、階層に関しては1995年は高収入や管理職の人ほど参加傾向があったが、2010年ではそのような傾向はなかったとしている[29]。

---

(28) 仁平典宏『前掲書』p. 336
(29) 三谷はるよ『前掲書』pp. 75-78

　共感理論というのは、人間には他者の悲しみや苦しみを理解したり、同じ感情を共有したりといった共感する能力を生まれつき有しており、この共感が他者や社会に利益をもたらす行動を動機づけるというものである。多くの心理学者によって共感性と向社会的行動の関連が確認され、共感的関心とボランティア活動時間との相関も示されている(30)。

　宗教理論とは、教会で身につけた神や教義への信奉といった宗教的信念や、教会を通じた信仰者間のネットワークがボランティアになりやすいというものである。日本は非キリスト教文化圏であり教会を通じた活動は欧米ほど多くないが、仏壇や神棚の前で普段から祈っている人や加護観念をもっている人はボランティア活動に参加しやすいということである(31)。

　社会化理論というのは、過去の社会環境の影響による社会化（広い意味での教育の効果）、具体的には、過去における他者を援助する大人との接触や、他者援助を価値づける学校教育、また宗教心のある親や宗教教育を通じた学習によってボランティア活動に参加しやすくなるというものである(32)。

　時間や経済的に余裕のある人（資源理論）、共感性の高い人（共感理論）、宗教にかかわりの多い人（宗教理論）、周囲の大人や学校教育の影響を受けた人（社会化理論）がボランティアになりやすいということになるが、三谷はこれらが「それぞれ独立する部分をもちながら」「各理論が複合的にボランティア行動の生起メカニズムを説明する構成要素となる」とし、「ボランティア行動は社会経済的資源によって規定されると同時に、社会化エージェントによって習得された共感性や宗教的態度によって規定される」とまとめている(33)。筆者なりに要約すると、時間や金銭的に余裕のある人が、子どものときからボランティア行動を行う大人に接したり、学校や教会での教育を受けて、共感性や他者援助の価値を身につけたことが

(30)　三谷はるよ『前掲書』pp. 44-48
(31)　三谷はるよ『前掲書』pp. 48-50
(32)　三谷はるよ『前掲書』pp. 51-54
(33)　三谷はるよ『前掲書』pp. 55-56

ボランティア行動の源泉となるということであろう。

　高木（1998）はボランティアとは特定していないが、「人を助ける心」として援助行動を社会心理学の視点から分析している。援助行動は、①社会的規範の指示（援助行動を起こせば感謝され評価されるが、しないと非難される）、②個人的規範の指示（援助行動を起こす責任や義務が自分にはあり、その期待に応えると自尊心は高揚し気分はよくなるが、応えないと自尊心は低下し嫌な気分になる）、③援助出費（援助行動には自己犠牲やお金や時間を要する）、によって特徴づけられるとした。①による援助行動には緊急事態における救助行動や寄付・献血などがあり、②には社会的弱者や迷子に対する援助行動が、③には寄付や貸与がそれにあたるとしている[34]。

２．参加動機の推移とその背景

　1960年代まではボランティアといえば「利他的・外発的・他者（社会）志向」動機が当たり前という感があったが、ある時期から「利己的・内発的・自己志向」動機が徐々に増えてきた。「利己的・内発的・自己志向」といってもさまざまなタイプがあるが、顕在化したのは「自分さがし」「自己実現」という動機である。

　そのような見方は少なくない。飯笹（1994）は「昭和30年代から40年代は社会志向型ボランティアが多かったが昭和50年代以降は自己実現型のボランティアが増加している」と述べている[35]。「増加」しているという「昭和50年代」からおよそ20年経った2001年版のボランティア白書で興梠は「現代の日本では、『内発的動機』によって活動に参加する人びとが圧倒的に多い」[36]と、「圧倒的」という表現で内発的動機が多いことを述べている。動機のタイプ別人数を調査したわけではなく、数的な比較

---

(34) 高木修（1998）『人を助ける心』サイエンス社　p.26
(35) 飯笹義彦『前掲書』p.75
(36) 興梠寛『前掲書』p.42

がなされたものではないと思われるが、そのような記述が極めて自然に
受け入れられるというのが大方の実感であろう。たしかに 1980 年代から
ボランティアの世界に「自己実現」「自分さがし」という言葉が登場し、
2000 年代には普通に語られる言葉になった。

　ではなぜ内発的・自己志向動機（自己実現、自分さがし）という動機が
現れ、拡がっていったのだろうか。そこには政府の政策が関係しているの
ではないかと思われる。ひとつは財政危機の中で、少子高齢化に対応すべ
き日本型福祉社会の実現に向けて、何とかしてボランティアを増やしたい
という目的からである。そのためにはボランティア活動に興味関心をもち、
ボランティア／ボランティア活動に対してイメージを変えなくてはならな
い。戦後、学生や勤労青年、あるいは主婦層によって取り組まれていたボ
ランティアのイメージは、真面目、無償、自己犠牲、篤志といった特異的・
非大衆的なものであった。それでは敷居が高く、ボランティアは増えない。
もっと気楽に参加できるものであるということ、誰でもできるものである
こと、それが自己実現につながることを訴えなくてはならない。それには
経済的負担がかからないということ（無償性の変更）とともに、参加が自
分のメリットになるということ（公益性の変更）を認識してもらわなけれ
ばならない。

　自己実現は生きがいにもつながる。第 2 章第 4 節 2（3）でも述べた（さ
らに、第 5 章第 2 節でも取り上げる）が、介護保険に導入された「介護予
防・日常生活支援総合事業」では、支援活動が生きがいになるとして高齢
者にボランティアでの参加を呼び掛けている。他者の支援をすることがそ
の人の心身の健康につながるということはあるだろうが、そのことで参加
を呼び掛け、その結果参加を得ることによって不足する介護人材を補うと
いう目的もこの呼びかけにはうかがわれる。「介護労働」（他者・社会志向）
よりも「生きがい」（自己志向）で呼び掛けたほうが参加を得やすいとい
うことからの政策であると思われる。

　もうひとつはいじめ問題や不登校をはじめさまざまな教育問題が山積す
る中で、「奉仕活動の義務化」まで打ち出した文部科学省を中心とした教
育行政が、ボランティア活動を浸透させることによって問題解決を図りた

いという目的からである。それまでの定型的な社会から多様で複雑化する社会にあって、自分の進路を見いだせていない生徒・学生や、将来に希望を持てない、自尊感情や自信を失いかけている若者が増えている。他者に対する思いやりが失われていく。それに対して自尊心や自己有用感を獲得・回復する場、他者への思いやりを表出する場が必要である。そんな中でまさにボランティア活動は自分さがし、自己実現、他者への思いやり実践のための絶好の場である。それには自発性を待っていては始まらない。少々の強制も教育としては必要とみなす（自発性の変更）。

　こうして、それまではやや冷ややかにみられていた、時にはボランティアの精神に反するとみられていたボランティアの内発的動機（自分さがし・自己実現）が「公認」され、「市民権」を得ていく。その内発的動機の承認が、ボランティアの原則の揺らぎを拡大することにもなり、ボランティアの原則の揺らぎがまた内発的動機の承認を支えることにもなる。

3．自己実現型ボランティアのあり方

　自己実現型ボランティアをどうみるか、具体的にはその種の活動の公共性について、自己実現型ボランティアへの期待と問題点、そして呼称変更の提案については、第2章第4節2で述べた。その重複は避けるが、ここではあらためてボランティア活動参加者の停滞との関係で考えてみたい。

　ボランティア活動の参加者が増えない、むしろ減っているようであることを本章第1節5で述べた。続いてボランティア活動への動機について、「利他的・外発的・他者（社会）志向」動機と「利己的・内発的・自己志向／自己実現型」動機、「つきあい、義理、役職上、立場上、互酬性」動機について第2節1で分析した。ここでは「利己的・内発的・自己志向／自己実現型」動機が増えていること、その「市民権」が確立しつつあることを述べた。

　全体が増えていないにもかかわらず「利己的・内発的・自己志向／自己実現型」動機が増えているということは、「利他的・外発的・他者（社会）志向」動機か、もしくは「つきあい、義理、役職上、立場上、互酬性」動

機が減っているということである。

　参加者を増やさなければならない立場からは、本来は「利他的・外発的・他者（社会）志向型」動機のボランティアが増えてほしいところであるが、それがかなわなければ、とりあえず「利己的・内発的・自己志向／自己実現型」動機であっても、マイナスにならなければそれでもいいだろう。となれば「自分さがし」や「自己実現」をキーワードにして、ボランティア活動の楽しさやメリットを強調するという戦略が改めて注目される。参加する側も、この動機が認められるとあまり構えずに入れるし、嫌になったら退場もできる。「ボラバイト」という言葉を生みだしたように、アルバイトほどではないにしても時には報酬も期待できる。

　教育の場でも、児童・生徒・学生の社会的・他者貢献体験、自尊感情の育成、あるいはキャリア教育として「自己実現」「自分さがし」のためのボランティア活動が大きな意義をもつ。その時、利他性や他者志向、あるいは問題解決の動機を期待することは敷居を高くするだけで、参加のブレーキになってしまうかもしれない。「利己的・内発的・自己志向／自己実現型」動機が承認されることによって推進者側は事を進めやすくなる。

　自己実現型ボランティアが増えていることは、ボランティアを必要としている側からも、参加してみたいという側からも、参加させたい側からも、それが好都合であるだろう。それはそれでよしとしても、ボランティアはあくまでも他者や社会を対象にした活動である。少なくとも迷惑をかけたり、人権をそこなうような行動はあってはならない。自己実現・自分さがしを目的として参入するとしても、そのことだけは忘れてはなるまい。

参考文献

(1) 三谷はるよ（2016）『ボランティアを生みだすもの』有斐閣　p. 35

(2) 齊藤ゆか（2013）「『社会生活基本調査』にみるボランティア活動の変化」『生涯学習研究紀要』聖徳大学　p. 34

(3) 三谷はるよ『前掲書』p. 71

(4) 三谷はるよ『前掲書』p. 39

(5) 三谷はるよ『前掲書』p. 36

(6) 中山淳雄（2007）『ボランティア社会の誕生』三重大学出版会　p. 55

(7) 東京ボランティア・センター（2010）「今日的状況下でのボランティア活動に関する基本問題研究」東京ボランティア・市民活動センター編『再考、ボランティア』東京ボランティア・市民活動センター　pp. 129–130

(8) 東京ボランティア・センター　『前掲書』p. 147

(9) 野尻武敏（2001）『現代社会とボランティア』ミネルヴァ書房　p. 16

(10) 森井利夫（1994）「ボランティア―これまでとこれから」森井俊夫編『現代のエスプリ（321）ボランティア』至文堂　p. 5

(11) 米山岳廣（2006）『ボランティア活動の基礎と実際』文化書房博文社　p. 18

(12) 中山淳雄　『前掲書』p. 62, p. 224

(13) 村上徹也（2009）「統計データで見るボランティア活動の現状と課題」『ボランティア白書2009』日本青年奉仕協会　p. 45

(14) 村上徹也『前掲書』p. 44

(15) 斎藤懸三（1999）「ボランティアと共生」阿木幸男編『ボランティア・パワーの行方』はる書房　p. 66

(16) 池田浩士『ボランティアとファシズム』人文書院　p. 45

(17) 東京ボランティア・センター『前掲書』pp. 151–152

(18) 森井利夫『前掲書』p. 8

(19) 渡辺芳（2003）「宗教系ボランティア団体におけるミッションの解釈課程」『日本ボランティア学会2002年度学会誌』日本ボランティア学会　p. 75

(20) 西出優子（2007）「ソーシャル・キャピタルの視点から見たボランティア活動の意義」日本青年奉仕協会『ボランティア白書2007』日本青年奉仕協会　p. 45

(21) 小野晶子・山内直人（2002）「経済学からみたボランティア」大阪ボランティア協会『ボランティア活動研究第11号』大阪ボランティア協会　p. 69

(22) 興梠寛（2001）「平成12年度『国民生活白書』を読む」『ボランティア白書2001』日本青年奉仕協会　p. 42

(23) 脇坂博史（2010）「ボランティア組織の運営」柴田謙治・原田正樹・名賀亨編『ボランティア論』みらい　p. 211

(24) 仁平典宏（2011）『「ボランティア」の誕生と終焉』名古屋大学出版会　p. 336

(25) 飯笹義彦（1994）「障害者をめぐるボランティア」森井利夫編『現代のエスプリ（321）ボランティア』至文堂　p. 75

(26) 西出優子『前掲書』p. 45

(27) 東京ボランティア・センター『前掲書』p. 122

(28) 仁平典宏『前掲書』p. 336

(29) 三谷はるよ『前掲書』pp. 75-78
(30) 三谷はるよ『前掲書』pp. 44-48
(31) 三谷はるよ『前掲書』pp. 48-50
(32) 三谷はるよ『前掲書』pp. 51-54
(33) 三谷はるよ『前掲書』pp. 55-56
(34) 高木修（1998）『人を助ける心』サイエンス社　p. 26
(35) 飯笹義彦『前掲書』p. 75
(36) 興梠寛『前掲書』p. 42

第4章

ボランティアの罪

第1節 「ボランティア拒否宣言」における ボランティア批判

1．あらためて「ボランティア拒否宣言」を読む

　書籍や論文でたびたび引用されているので、ボランティア活動の関係者には目にした人が多いと思われる「詩」に、「ボランティア拒否宣言」というのがある。この「詩」は、花田えくぼさんの作で、「おおさか・行動する障害者応援センター」の機関誌『すたこらさん』1986年10月号で紹介されたものである[(1)]。ここでも全文を紹介させていただく。

ボランティア拒否宣言

花田えくぼ

　それを言ったらオシマイと言う前に
　一体私に何が始まっていたと言うの
　何時だってオシマイの向こう側にしかハジマリは無い
　その向こう側に私は車椅子を漕ぎ出すのだ

　ボランティアこそ私の敵
　私はボランティアの犬達を拒否する

　ボランティアの犬達は　私を優しく自滅させる
　ボランティアの犬達は　私を巧みに甘えさせる
　ボランティアの犬達は　アテにならぬものを頼らせる
　ボランティアの犬達は　残された僅かな筋力を弱らせる
　ボランティアの犬達は　私をアクセサリーにして街を歩く

---

(1) 花田えくぼ (1986)「ボランティア拒否宣言」おおさか・行動する障害者応援センター機関誌『すたこらさん』

ボランティアの犬達は　車椅子の陰で出来上がっている

ボランティアの犬達は　私をお優しい青年達の結婚式を飾る哀れな道具にする

ボランティアの犬達は　私を夏休みの宿題にする

ボランティアの犬達は　彼らの子供達に観察日記を書かせる

ボランティアの犬達は　私の我がままと頑なを確かな権利であると主張させる

ボランティアの犬達は　ごう慢と無知をかけがえのない個性であると信じ込ませる

ボランティアの犬達は　非常識と非協調をたくましい行動だと煽りたてる

ボランティアの犬達は　文化住宅に解放区を作り自立の旗を掲げてたむろする

ボランティアの犬達は　私と社会の間に溝を掘り幻想の中に孤立させる

私はその犬達に尻尾を振った

私は彼らの巧みな優しさに飼い慣らされ

汚い手で顎をさすられた

私はもう彼らをいい気持にさせて上げない

今度その手が伸びてきたら

私はきっとその手に噛みついてやる

ごめんね　私の心のかわいそうな狼

少しの間　私はお前を忘れていた

今　私はお前を取り戻す

誇り高い狼の顔で

オシマイの向こう側に

車椅子を漕ぎ出すのだ

　これが発表されたのは1986年10月である。1981年の国際障害者年から5年過ぎ、駅にエレベーターが設置されはじめ、自立生活運動や障害児の普通学校就学運動が拡がり、各種障害者運動が盛り上がったころである。介助者手足論の論争も経て、ボランティアのあり方が問われているときでもあった。

　この「詩」はボランティアに大きな衝撃を与えた（はずである）。「詩」というよりも強烈な訴え、抗議文と受け止めた人は多かった（はずである）。筆者もそうであったが、痛いところを突かれた（はずである）。書かれていること全てにおいて同意・賛同したわけではなく、若干の反発はあったが、おおむね当たっていると思った。自分たちの行動（ボランティア活動）を点検する格好の教材であった。研修会等でこのまま印刷したものを配り、参加者と論議した。

　発表されて三十数年を経て、障害者の「自立」が唱えられ、援助や援護ではなく「支援」という言葉が中心になり、当事者主権が主張される今日、障害者とボランティア（介助者）の関係は変わり、花田えくぼさんが訴えたことは実現したのか。「ボランティア拒否宣言」は古典となったのか。この節ではそれをみていきたい。

2．過剰な支援

　ボランティアはなぜあんなにも優しいのだろうか。ボランティアはなぜあんなにも親切なんだろうか。ボランティアはなぜあんなにも気が利くのだろうか。活動のなかでそう思うことは頻繁である。

　随伴行動のなかで車椅子ユーザーにはすぐ押してくれる。自分でこぐことができる人にも。随伴行動のなかで視覚障害者と行動するときは、視覚障害者の荷物は全部持ってくれる。自分で持つことができる人にも。随伴行動のなかで障害者がペットボトルのお茶を飲もうとすると、すかさずふたを開けてくれる。自分で開けることができる人にも。随伴行動のなかで障害者がレジでお金を払おうとすると、サッと財布を預かり代わりに払ってくれる。自分で払うことができる人にも。随伴行動のなかで店員さんからの問いかけには、即座に障害者の前に出て代わりに答えてくれる。自分で答えることができる人にも。随伴行動のなかで食事のときは、必ずおしぼりを袋から取り出し、弁当の輪ゴムをはずし、ふたを開け、割り箸を割ってくれる。自分で取り出し、開いて、割ることができる人にも。そんなボランティアは、優しいボランティア、親切なボランティア、気の利いた

ボランティアと称賛される。

　花田えくぼさんは、それを「私を巧みに甘えさせる」「残された僅かな筋力を弱らせる」、そして「私を優しく自滅させる」と表現している。車椅子をこぐことはいい運動になる。それを頼まれもしないのにボランティアが押すことは、車椅子ユーザーの運動機会を奪うことになるので、「残された僅かな筋力を弱らせる」ことになるのである。もちろん、少々のそういう過剰な支援ぐらいでは、「筋力が弱くなる」「自滅する」ほどにはならないかもしれない。しかし、障害者の気持ちを「甘えさせる」ことになるというのは確かであろう。してもらうのが当たり前と思うようになってしまう人もいるかもしれない。

　それもあるが、もっと考えなければならないことは、そういう余計なサービスを受けても、それを断ることができない障害者が少なくないということである。断ったら失礼になる、断ったら気を悪くさせてしまうのではないか、というような気づかいをして。実際に断ったら「可愛げがない」といわれた人がいる。「断る前にまず『ありがとうでしょう！』」と叱られた人もいる。そういう配慮から断らない（断れない）のに、「障害者は自分の支援（サービス）を喜んでいる」と錯覚するボランティアがいる。

　困ったことに経験が少ないボランティア（初心者）や子どもは、先輩ボランティアのそういう過剰支援を見て、それをボランティア行動のお手本とする。ちょっと疑問をもっても、先輩がやっているのに自分がやらないわけにはいかない。しなくていいと思っても、しないと「気が利かないヤツだ」と思われるのはいやだ。こうして「優しい、親切な、気の利くボランティア」が継承されていく。

　そしてこれらの行動によって、「障害者は誰かにやってもらわないと、食べたり移動したり買い物したりできない」と世間（第三者）は誤解してしまうという副作用も生み出す。だから店員さんは障害者にではなくボランティア／介助者に話しかけて、商品はボランティア／介助者に渡す。

　「やってもらわなければできない」という印象や認識は、障害者を子どもあつかいすることにもつながる。子どもに対して言うような言葉遣いになり、いくら歳をとっても「○○ちゃん」といわれてしまう。その姿勢は、

実際の過剰な支援とともに、障害者の自立を妨げることにもなる。

3．アクセサリー

　障害者と外で行動すると、周囲の目は障害者本人にだけでなく介助者にも向く。何となく、時にははっきりと、好意的な目が。時には尊敬のまなざしで。介助者がボランティアの場合でも職業としての場合でも変わりはない。介護福祉従事者やボランティアに対する世間の目である。介助者としては悪い気はしない。それがボランティア活動のエネルギー源になるかもしれない。

　しかしここで花田えくぼさんの「詩」が気になる。花田さんは「私をアクセサリーにして街を歩く」という。たしかにこの場合の障害者は、ボランティアの見栄えを良くする装飾物としての存在にもなる。「障害者のお世話をしている」という世間の目によって、ボランティアが輝いて見えるかもしれない。そして世間はそういうボランティアを「いい人」とみるだろう。その究極な場面が「私をお優しい青年達の結婚式を飾る哀れな道具にする」である。「車椅子の陰で出来上がっている」ことは若い男女の間ではありうることだとしても、招かれた障害者はそのカップルが優しい二人であることを親族・友人に印象づける絶好の存在となる。自分には「哀れな道具」と表し、ボランティアには「お優しい」という皮肉とも思われる言葉での花田さんの表現は、怒りの吐露ではないかと思えてくる。

　もちろん、ボランティアはそれを意識して、それが目的で介助行動をしているわけではないかもしれない。「いい人だ」と世間に思わせるために意図的に障害者の介助をするというのではなく、違う目的（第3章で述べた「利他的・他者指向」「自己志向・自己実現」「付き合い・義理」）でボランティア活動を行っている人がほとんどであろう。

　しかしそうであっても、その際の障害者は結果としてボランティアを浮き立たせる脇役になっている、ということをボランティアは意識していないことが多いと思う。筆者も花田さんの言葉で初めてそれを意識するようになった。

だからといって障害者の介助活動をすることがよくないということではない。そういう活動は必要である。従って花田さんの言葉から学ぶことは、世間（周囲）はそういう目で見ているかもしれないということ、介助を受ける人もそんな思いで受け止めているかもしれないということを、介助者／ボランティアは常に忘れないようにしなければならないということである。

4.　福祉教育

障害者を理解するための教育として障害者と健常者の交流が行われる。とくに学校では特別支援学校と普通学校の交流はすでに半世紀前ぐらいから行われている。普通学校では多くは人権学習の一環として、交流を通して障害／障害児のことを知って理解しようという目的で実施される。特別支援学校のほうは主として社会参加の一環として取り組まれる。

交流会ではスポーツやレクリエーション活動が主体となる。卓球バレーや風船バレーなどのスポーツが、あるいは合唱や器楽演奏などの音楽活動が行われる。全体でのあいさつ等のあとグループでの活動になることが多いが、両方の人数の関係で、普通学校（健常児）数名に対して特別支援学校（障害児）が１人か２人というケースが多い。そのため、健常児の一部は直接障害児とかかわる（話す、手助けする）が、まったくあるいほとんど話すこともなく触れ合うこともなく終わってしまう児童・生徒もいる。

もうひとつ福祉教育として行われる定番は障害疑似体験である。中でも多いのがアイマスク体験（視覚障害疑似体験）である。児童・生徒どうしでペアを組み、一人がアイマスクをして、もう一人が介助者役となって校内などを歩く。終わって感想を書かせる。典型的な感想は「アイマスクをして歩くと怖かった。何もできなかった。目が見えない人は大変だと分かった。これからは目が見えない人には優しくしなければならないと思った」というものであり、教師からはこれが授業の成果として語られる。

交流会にしろ障害疑似体験にしろ、これがほんとうに福祉教育（この場合は障害理解教育）となるのであろうか。交流会で重度の障害児との接触

しかなかった児童・生徒は、障害児者は介助なくして生活できないのだと思ってしまったり、逆に会話のできる一部の障害児のみとのかかわりしかなかった児童・生徒は、「普通に」つき合える障害児のことを障害児者全体の実態と思い込んだりする。車椅子疑似体験では低学年の児童や高齢者は操作の困難性を過剰に受け止める反面、男子中高生や青年は遊びの道具としてしまう。

　さまざまな課題のある福祉教育については、多くの関係者から批判や問題提起がなされている。貧困な福祉観の再生が行われているとの指摘がされて久しい [2]。しかし、相変わらず無自覚な体験が繰り返されている。

　花田さんは「私を夏休みの宿題にする」「彼らの子供達に観察日記を書かせる」という。（夏休みとは限らないが）児童・生徒・学生達が施設を訪れ、交流の場を持ち、そのことのレポート（感想文）を書く。時には大人のボランティアが子どもを連れていって、子どもの宿題（自由研究）の場にする。その時のボランティアや子どもは、「人」ではなくまるで「植物」の様子を観るかのように「観察」していると映っているのである。この2行は、まさにこの実態への強烈な告発といえよう。

5．パターナリズム

　例えば介助のボランティアに対して夜中に買い物を依頼する障害者がいたとする。『こんな夜更けにバナナかよ』という渡辺一史氏のノンフィクション書籍 [3] は、それが「障害者のわがまま」か、それとも「障害者の権利」であるかで、介助者／ボランティアにとっても障害当事者にとっても大きな問題提起となった。ボランティアは本心では「わがまま」だと思ってもなかなかそうは言えず、表向きには「権利である」と言うかもしれない。少々わずらわしさを感じたとしても、それは権利であると認識しているかもし

(2) 原田正樹（1998）「福祉教育の実践プログラム」村上尚三郎・阪野貢・原田正樹編『福祉教育論』北大路書房　pp. 49-50
(3) 渡辺一史（2003）『こんな夜更けにバナナかよ』　北海道新聞社

れない。あるいは権利だと言うことによって、自分が障害者の理解者であると周りに思ってもらえるだろうという計算が働くかもしれない。

「障害は個性」という見方・主張は自立生活運動や障害者運動のなかで徐々に拡がってきた。障害者独特の行動を異常なものとして否定的にとらえるのではなく個性としてとらえ、肯定していく。健常者とは異なる生活様式や思考を矯正の対象にするのではなく、別様の生活様式、障害文化として受け止めていく。手話も点字も足文字も、通常の言語として位置づけていく。障害者の要求を権利として受け止める。障害者の生活様式や行動を個性としてとらえる。

花田さんは、「私の我がままと頑なを確かな権利であると主張させる」「ごう慢と無知をかけがえのない個性であると信じ込ませる」「非常識と非協調をたくましい行動だと煽りたてる」と述べる。ここをどう読むかはちょっと慎重を要する。まずここの３行は「私の…」で始まるように、花田さん自身は自分が「我がままと頑な」であり、「ごう慢と無知」であり、「非常識と非協調」であると思っている（自覚している）が、それはわがままやごう慢や非常識ではなく、「確かな権利」であり、「かけがえのない個性」であり、「たくましい行動」だと主張しようとしている、あるいはそう思い直そうとしているようでもある。

ところがそれは自発的な主張や思い直しでなく、いずれもそのあとに、「主張させる」「信じ込ませる」「煽り立てる」と続いているのである。しかもその主語は「ボランティア（の犬達）」である。すなわち花田さん自身が「わがままや頑なではなく、権利だ」「ごう慢や無知ではなく、個性だ」「非常識や非協調ではなく、たくましい行動だ」と思っているのではなく、ボランティアが花田さんに「我がままや頑なではなく権利だと『主張せよ』」「ごう慢や無知ではなく個性であると『信じ込め』」と迫っているということである。さらには「非常識や非協調をたくましい行動だと『煽りたてる』」というのである。そして「権利である」「個性である」「たくましい行動だ」と教え込まれたことが、現実には「アテにならぬものを頼らせる」ことになり、権利だとか個性だとか認識したばかりに「私と社会の間に溝を掘り幻想の中に孤立させる」というのである。社会の中での自立をめざしてい

るというのに、逆に、社会との間に孤立を招いているという結果である。

　そういうボランティアの姿勢を花田さんは「拒否」すると宣言しているのである。進歩的な障害者として「権利」を主張し、「個性論」を唱えるよう障害者に迫るボランティアに異議を唱えていると思われる。そんなことは私が決めることであって、他人（ボランティア）からとやかくいわれるものではないと。もしかしたら花田さんはすでに、「わがままや頑なではなく、権利だ」「ごう慢や無知ではなく、個性だ」「非常識や非協調ではなく、たくましい行動だ」と思っていたかもしれないが、それを物知り顔で教示しようとするボランティアへの反発・拒否であるのかもしれない。ボランティアのパターナリズム、指導的姿勢、ごう慢さが批判されていると筆者は受けとめる。

6．非対称性と不本意な依存

　第２章第２節４で、ボランティアとサービス受給者の関係は、どうしても後者が弱い立場になってしまうということ（非対等であること）に言及した。ボランティアの行為に対して注文を付けにくいし、不満があっても言いにくい。ここでは、それに対応するために（対等な関係にしていく手段として）無償ではなく有償にしていくということもひとつの解決方法として考えられることを述べた。また、第６章第４節２で、ボランティア活動の対等性について再び取り上げる。ボランティア活動の３原則（自発性、無償性、公共性）や４原則（先駆性）に「対等性」も加えるべきであること、徐々にではあるが、その意識がボランティア界にも芽生えだしてきていることを述べる。

　しかし、この「拒否宣言」が書かれたころは、そういう風潮の時代ではなかった。ほとんどがまったくの無償行為の時代であったし、支援活動を行う側とそれを受ける側は極めて非対等の関係にあった。だから文句や注文などしたら、もう支援は受けられなくなるかもしれないのである。花田さんの言葉の冒頭にある「それを言ったらオシマイ」となるのである。だからボランティアに対して意見などいえるはずもなく、むしろ表向きは「そ

の犬達に尻尾を振」るのである。意に反して尻尾を振らざるを得ないのである。

　そして、ボランティアの「汚い手で顎をさすられ」「巧みな優しさに飼い慣らされ」て、ボランティアに頼らなければ暮らしていけないように依存心を形成させられてしまうのである。ほんとうは自分でできることも、させない（させてもらえない）ことで自立を阻害されるのである。ボランティアは自分が頼られること（相手から依存されること）で「いい気持ち」になっていて、さらに相手をコントロールし自分の思い通りにしようと（「飼い慣ら」そうと）していること（共依存）は分かっているのに、それを拒否できない実態を告げているのである。

7.「拒否宣言」は過去のものか

　これほどボランティアに反発を抱いても、花田さんは（そして多くの障害者は）そのボランティアに「巧みな優しさに飼い慣らされ」「汚い手で顎をさすられ」、自ら「尻尾を振っ」てしまう。「ありがとう」という言葉が条件反射のごとく出てくるのである。

　しかし「私はもう彼らをいい気持にさせてあげない」「今度その手が伸びてきたら私はきっとその手に噛みついてやる」「誇り高い狼の顔でオシマイの向こう側に車椅子を漕ぎ出す」と決意する。「ボランティアこそ私の敵」「私はボランティアの犬達を拒否する」と宣言する。

　しかしそれから三十数年を経た今日、事情は変わったであろうか。障害者の「拒否」は受け入れられ、「決意」はかなえられただろうか。障害者の権利条約が批准され、障害者の定義が改正され、障害の社会モデルが唱えられ、障害学が誕生し、障害者差別解消法が制定された今であるが、残念ながら花田さんが「拒否」した（せざるをえなかった）状況はほとんど変わっていないのではなかろうか。

　「ボランティア拒否宣言」は今なおボランティアが学ぶべき「教科書」であると思う。「バイブル」といっても過言ではなかろう。いつかこれが「過去にはこういうこともあったなあ」という「古典」になることを願う。

▌第2節　自立を妨げるボランティア

1．補充・代行支援から自立支援へ

　花田えくぼさんの「拒否」のひとつが「過剰な支援」、つまり、できることまでやってくれるボランティアに対する告発であった。それは自立を妨げることにもなると指摘した。では、「できない」ことへの支援はどうなのか。それも自立を妨げることになるのか。そのことを考えてみたい。

　ボランティア活動は何らかの不都合を抱えている人たちの生活の向上や、不利な立場にある人たちの平等化を目指して支援する活動である。その際の支援として、先ずは当事者ができないこと、不足していること、困っていることを補うということになろう。それは当然必要である。目が見えないで書類が読めないなら代読という支援が、車いすユーザーが坂道で困っているなら押すという支援が、自然災害で家が泥だらけになっていたならば泥かきや浸水家具の後片付けという支援が、劣悪な衛生環境で子どもの健康が蝕まれている国があったなら寄付という支援が必要となる。

　しかし、当面そのような緊急穴埋め的な支援が必要ではあるが、支援やボランティア活動は本来的には当事者の自立のための支援でなければならない。できないことをまずは支援者が代わりにしてあげることも必要であるが、可能ならばそれが本人でできるようになるための支援ならばもっといい。不足しているものがあったらとりあえずそれを提供することが必要であるが、できればその不足を自分で確保できるようになることを目ざした支援ができればもっといい。

　街で道に迷っている視覚障害者に出会ったら、目的地までガイドするのもいいが、目的地の方向と進み方を教えるのもいい支援となるだろう。特にその人が後日同じ目的地に行くことがあるとすれば、次は迷わず行けることになるかもしれない。券売機の前で切符の買い方が分からず困っている人がいたら、代わりに買ってあげてもいいが、買い方を教えるのもいい支援になるはずである。次に同じような場面があったら、今度は迷わず買

えるかもしれない。書類を書けなくて困っている人に出会ったら、とりあえず代わりに書いてあげるのもいい支援であるが、次はその人が自分で書けるように書き方を教えるのもいい支援ではないかと思う。

　途上国の食糧難に対して食糧や金銭を送るのもいいが、その国・地域の人たちが自分たちで農作物を作れるように、農地づくりや農作物栽培の方法を教えるのもいい支援になるのではないか。途上国に行って子どもの教育や労働者の指導をするのもいい支援になるであろうが、現地の人が教育や指導ができるように、現地の人たちを指導者に育てるのもいい支援になると思う。被災地に行って人手不足のなかにおいて作業支援をするのはいい支援であるが、（支援者が帰ったあと被災者のみで作業が続けられるよう）作業がしやすい環境整備をするのもいい支援ではないだろうか。

　これらの支援は「補充・代行支援から自立支援へ」ということである。まずは前者（補充・代行支援）が必要であるが、後者（自立）に目を向けた支援がより大事だということである。「次は迷わず目的地に行ける」「次は迷わず買える」「次は自分で書ける」「それからは自国の力で食糧がまかなえる」「それからは自国の力で教育や労働が成り立つ」「ボランティアが帰った翌日は被災者のみでも作業ができる」。これこそが自立支援である。ボランティア活動に欠かせない視点だと思うが、これはボランティア活動に限らず、日常のなかでも同じことがあるはずだ。子どもに料理を作ってあげるのもいいことだが、作り方を教えることはもっと生産的なことではないか。教室で答えを教えるのもいいが、解き方を教えるのはもっといいことではないか。次は「自分で作れる」「次は自分で解ける」、これも自立支援である。

2．自立を阻害するボランティア

　この「自立支援」という認識・行動は、福祉の世界や教育の世界ではそれなりに拡がってきているといえる。「道を教える」「やり方を教える」「被災者や途上国の当事者が自分たちでやれるように環境整備をする」ことの重要性は、多くの人たちから提起され実践されだしている。

　しかしボランティアの中にはまったくその逆のことをする人がいる。本人は何もしなくても目的を果たすようボランティアが導く。本人にできないことがあったら代わってすべてボランティアがする。現地の人（リーダー）には何もさせないでボランティアがリードする。復旧はボランティアが中心になる。これでは視覚障害者は自力で目的地にいく方法を覚えない。券売機で買えなかった人は次の機会も買えない。書類を書けなかった人は次も書けない。食糧難の途上国では他国からの食糧支援を求め続けなければ生きていけない。途上国の学校や産業界では相変わらず他国の専門家が来なければ教育や労働が成立しない。被災地ではボランティアが帰ったら作業の効率が落ちる。これでは自立支援にならない。頼ることに慣れさせてしまう。頼ることを教えることになってしまう。まさに過剰支援による自立阻害である。

　なぜこのようなこと（過剰支援）が起こっているのか。ひとつは、第3章で述べたボランティアの動機の中の「利他的動機」の行き過ぎである。困っている人のために支援・援助・介助することが自分の責務だとの思いが強すぎて、献身的になり、やりすぎてしまう。もちろんボランティアに「阻害」しようという悪意はない。良かれと思っての行動だろう。だからといってこれを放っておくわけにはいかない。結果的には自立を阻害することになるのであるから。

　次のパターンは人の目を気にすることからくる行動である。（何でもしてあげるボランティアがいいボランティアとの意識があってのことであるが）いいボランティアとして見られたい。「行き届かない」人と見られたくない。評価を受けたい。こういった思い（認識）から過剰支援になる。

　三つめが自分の存在意義維持のための行動である。ボランティア活動がやりがいである。生きがいである。そのため支援対象がなくなったら、自分の存在意義がなくなる。やり方を教えて覚えられたら、自分はいらなくなる。だから自立されたら困る。従ってやり方は教えない。自分たちでやれるようにはしない。頼り続けられるように仕向ける。上記の二つのパターンに比べれば少ないと思うが、もっとも困ったボランティアである。

　そしてこれらのどのパターンも、その支援を断りにくいということであ

る。「一生懸命やってくれるのだから言いにくい」「言ったらその人に悪い」「過剰な（余計な）支援だが、それで何か不都合がおこるわけではない」ということで断らない。なかには「断ると気を悪くされる」「断ると怒られる」ということも（とくに三つ目のパターンには）ある。自分が「自立阻害」のボランティアになっていないか、自戒をこめて留意すべきボランティアの課題である。

3.　ふたつの自立観からみる自立支援

　「自立」という場合、もともとは「他人の援助は受けないで、自分のことは自分でできる」ことを指していた。障害児教育や障害者福祉の世界ではそれを目ざして取り組んできた。「できない」ことを、教育やリハビリテーションで「自分でできる」ように指導・訓練してきた。一方でそれに対して新しい自立観が提起された。それは「他人の援助は受けて、自分のこと、自分の行動は自分で決める」ことが自立だという主張である。この考え方から、24時間他人介助を受けて地域で生活する自立生活運動が展開されている。

　自立支援という場合、前者（従来の自立観）の「自分のことは自分でできる」ようになるための支援でもあるし、後者（新しい自立観）の「他人の支援は受けて自分の選んだ（決めた）生活をする」ための支援でもある。しかし、前項で例をあげたような支援（当事者が自分でやることができるようになることにつながらない支援）はどちらの自立観からみても自立支援には当たらない。代わりにやってくれるだけだから、従来の自立観でいう「自分でできる」ようにはならないし、自分でできるようにはならないのだから、他者に頼り続けざるを得ぬことになるため、他者が決めたことに従うことになり、新しい自立観でいう「自分で決める」ことにも結びつかない。

　一方、自分でできるようになることを目ざした支援は、従来の自立観による自立に向けたものであるだけでなく、新しい自立観の「他人の援助を受ける」こととも矛盾しない。自分でできるようになったことは自分でや

ればいいし、まだできないことがあったら他人の援助を受け続ければいい。自分でできることが増えたら、行動範囲や選択肢も増え、そして「自分で決める」ことが拡がる（増える）はずである。

4．仕事を奪うボランティア

　被災地への支援にはいろいろなものがあるが、代表的なものは現地へ行って復旧作業等に携わる支援と、物質や金銭を送るという後方支援である。この中で注意すべきものがある。現地の仕事を奪ってしまう(ことになる)支援である。

　よく指摘されるのが救援物資の質と量である。前者（質）というのは必要ない物、適切でない物（例えば、古着、賞味期限切れの食糧など）、使えない物などである。後者（量）というのは必要以上の物資が届くという場合である。ボランティアセンター等の現地担当者はその必要ない物、適切でない物、余る物などの処理や保管に苦慮する。被災という状況の中で保管場所があるとも限らないし、捨てるのも容易ではない。何といってもそのことで現地担当者の仕事を増やすことになる。担当者は本来すべき仕事に支障をきたすかもしれない。

　それにも増して深刻なのは次のような事態である。復旧もある程度進んで、営業を再開した現地の商店が、ものが売れない。なぜかというと食糧も薬品も雑貨もみんな救援物資で被災者は所持していて、お金を出して買う必要がない。買うとしてもせいぜい生ものぐらいである。物が売れない（商店）だけでない。時には散髪のボランティア、マッサージのボランティア、大工のボランティアも来てくれて、その業界の仕事に影響を及ぼす。理髪店もマッサージ店も工務店も、需要はあるはずだが客がこないということになってしまう。

　災害で仕事ができず、本当にそれらのサービスが必要な時にはありがたいことであるが、そこはしっかり地元の業界の復旧状況を確認してからの活動であらねばならない。そうでないと、せっかくの「善意」が被災地の人びとの自立の一環である仕事（営業）の妨害になってしまうのである。

むしろ、可能ならば（復旧しているならば）、ボランティアは被災地で現地の商店の飲み物や食べ物を買ったり、理容店で散髪するということもいい支援になるだろう。

参考文献
(1) 花田えくぼ（1986）「ボランティア拒否宣言」 おおさか・行動する障害者応援センター機関誌『すたこらさん』
(2) 原田正樹 (1998)「福祉教育の実践プログラム」村上尚三郎・阪野貢・原田正樹編『福祉教育論』北大路書房　pp. 49-50
(3) 渡辺一史（2003）『こんな夜更けにバナナかよ』 北海道新聞社

第5章

「自発性」「無償性」の危うさ

　自発性についてはすでに第2章第3節で取り上げている。そこでは「奉仕活動の義務化」問題を中心に、ボランティアの原則の1丁目1番地である自発性の原則が揺らいでいることを論じた。具体的には、自発的に行動するのがボランティアであるはずなのに、（「ボランティア活動」ではなく「奉仕活動」という言葉ではあるが）それを義務化するのは矛盾していること、しかしながら言葉を変え（「義務化するのはボランティア活動ではなく奉仕活動である」とか「全員で行うようにする」とか）、論点を変えて（「体験活動」とセットにして「奉仕活動・体験活動の推進」など）、その動きは依然として進行していること、それゆえに自発性という原則も揺らいでいることを述べた。

　本章ではまず、自発性に関するもうひとつの問題を考察する。それは、真からの自発性が、場合によっては非常に危険なことになるかもしれないということと、その自発性による行動が、時には為政者から利用されることがあるということについてである。後述するように、それは今日においても具体的な課題があるが、過去においては、日本だけでなく多くの国で深刻な事態があったのである。

　次に、本章後半では無償性の問題を取り上げる。無償性についても第2章第2節で、この原則も今日揺らいでいることを述べた。具体的には、かつてはボランティアといえば、まったくあるいはほとんど経済的報酬を得ることはなく、まさに「手弁当」で活動を行っていたが、昨今は交通費はいうまでもなく、食事代、あるいは謝礼として幾ばくかの経済的報酬を得ることは珍しくなくなったこと、その理由についてはさまざまにあるが、それも時代の流れといえるし、無償性というより非営利性といったほうが妥当ともいえるのではないかと述べた。

　ここでは、ボランティア活動の無償性をめぐるそのような一般的傾向はそれでいいとしても、無償性に関する別な問題があることを論ずる。それは無償性というボランティアの特性が、募集する側からいいように利用されている実態がみられることである。

第1節　戦時における自発性

　自発性の問題としてまず取り上げるのは、戦時における動員である。戦時には職業軍人や徴兵制度による徴集によって軍隊を組織するが、国によってはまさにボランティアの起源（語源）である「義勇兵」（『広辞苑（第七版）』によれば「徴兵によらず、自ら進んで応募する兵」）も一員となる。この場合「徴兵によらず、自ら進んで」とはいっても、無報酬とは限らない。従ってボランティアのもうひとつの原則である「無償性」には当てはまらず、ボランティアとはいえないかもしれない。とくに失業者が生活の手段として「志願」する場合はそうである（第1章第1節参照）。

　とはいえ戦場に赴くことはかなりのリスクを伴うことであり、それなりの愛国心や志がなければ志願はしないだろう。自発性があってのことであり、第2章第2節でみたように今日では少々の報酬を得てもボランティア活動ととらえていることに照らし合わせても、志願兵・義勇兵は（語源通り）「ボランティア」という枠からは外れないと思われる。

　ということは、ボランティアと戦争とは切れない関係にあるということである。今日の感覚ではボランティア／ボランティア活動というのは人道的・博愛的な印象を与えるものであるが、いかなる理由・理屈があるにせよ、人道的・博愛的とは真逆の、人を殺し土地を奪う戦争に加担するのもボランティアなのである。日本の過去をみても数々の事例がある。以下の4つの事例は池田（2019）『ボランティアとファシズム』からの引用要約である。

1．満蒙開拓団

　直接の戦争ではないがその後の侵略につながるものとして、政府は「満州事変」の翌年（1932年）に満州開拓を志願する農業移民団を募集した。それに応じて、1944年まで32万人を超える農民たちが「満蒙開拓団」という名称のもとに参加している[1]。満蒙開拓団は収穫したコメの多くを小作料として支払わされて生活苦を抱える小作農民対策でもあったが、窮

地に追い込まれている日本の食糧増産と、満州国の農民に日本の進んだ農業技術を教えることも意図されており、「開拓団」という名称のイメージも後押しして、参加者に高い使命感を意識させ、けっして強制ではなく、自発的に応募されたものと思える。

しかし、満蒙開拓団の作業は必ずしも順調ではなく、まず現地農民との衝突に遭遇し、死傷者も出している。そのためか、あるいはそれを予想してか、その後に募集された移民団には拓務省（『広辞苑（第七版）』によると「植民地統治・移植民などに関する行政をつかさどった官庁」）は「自衛移民」と称し、機関銃や小銃で武装した移民団であったという[2]。また、「開拓」という名称からは「まったく未開の土地を農業ができるように開墾する」ということがイメージされるが、実際はすでに耕作されている農地を買収して使用させたのであった。しかも、日本の軍事力を背景にして市場価格とは比較にならない低額での、事実上「強制」の買収であった[3]。

すなわち、自主的に、まさに今日でいうボランティアとして満州に移民し、国家のため、もしかしたら先住農民のためとも思ったかもしれない開拓団の移民たちは、現地農民を小作人にしてしまうか、さもなくば未墾の地に追いやるかの事態に至らしめたのである。しかし、移民たちはおそらくそのようなことになるとは予想だにしていなかったであろう。しかしながらこれは未墾地を開墾するということではなく、既墾地を安価で買収・収用するという日本国家の国策であったのであり、それが侵略という負の遺産として後々まで歴史に刻まれることになる。その国策にボランティアの自発性が利用されたということである。

(1) 池田浩士（2019）『ボランティアとファシズム』人文書院　p.113
(2) 池田浩士『前掲書』p.115
(3) 池田浩士『前掲書』pp.120-121

95

第1節　戦時における自発性

２．集団的勤労奉仕作業

　1938 年には支那事変下における労働不足を補うため「集団的勤労奉仕作業」が生徒・学生に要請される。文部大臣の訓示では夏季休暇の 5 日程度を目標とし、学校校舎や寺院で全員寝食をともにし、学校設備の手入れ、応招軍人遺家族での稲刈り・草取り等の手伝い、神社・寺院等の境内の清掃、防空設備・公園・運動場等に関する作業、開墾植樹などを行うというものであった [4]。

　ここで注目すべき点は、この事業が「義務付けられた」とか「指令された」とか思われそうであるが、文部大臣の訓示では「なるべく生徒にあまねく参加せしめることを建前とし」となっており、必ずしも強制的なものではなく、生徒・学生の自発性を前提にしていたとされることである。ちなみに、この訓示で作業内容の説明の次には、「作業の実施には学校の教職員はこぞってこれに参加すること」とある [5]。教職員には「こぞって」、生徒・学生には「なるべく」と対応を分けている。生徒・学生には何らかの配慮があったのかもしれない。

　しかし、おそらくその時の生徒・学生はほとんどが、いや全員が参加していたであろうことは容易に想像できる。1938 年という時勢を考えると、参加しないという選択はおそらく取りづらかったと思われる。「なるべく参加せしめる」となっていても、実際は義務化されたものとみるのが自然である。「なるべく」という言葉で生徒・学生の自発性を尊重しているかのようであるが、確実に参加させることができるという見込みがあってのことだったとも推測できる。さらに考えられることは、実は義務化ととらえ、しぶしぶ参加した生徒・学生よりも、むしろ国家のため自発的・積極的に参加した生徒・学生が多かったのではないかということである。

　この生徒・学生の集団的勤労奉仕活動に先立つ 1937 年 10 月には、農林省は「農山漁村に於ける勤労奉仕」と題する冊子を発行し、支那事変で一

---

(4) 池田浩士『前掲書』pp. 129–130
(5) 池田浩士『前掲書』p. 130

家の働き手を従軍させられ、中には戦死し、男性の労働力を失った農山漁村を支援するボランティアを募集している[6]。この事業でも強制ではなく、「国防は国民共同の責務である」「国家の興隆に力を尽くす」というものに加えて、「隣保共助」「愛郷」「愛国」「勤労報国」という言葉を用いて参加を呼びかけている[7]。有事のときは国家のために国民は自発的に労力を提供することを惜しまないだろうという見込みがあっての（強制ではない）募集である。

　生徒・学生の「夏休みの勤労奉仕活動」は、その後「冬休みの心身鍛錬」「武道その他の行的訓練」さらには「軍事訓練」へとエスカレートしていき、夏休みは休暇ではなくなり軍事教育の期間となる[8]。そしてこの自発性をもとにした動員は学校（学徒動員）だけでなく、国民総動員態勢となったことは歴史が示す通りである。そこではごく一部に反対し抵抗する人もいたが、その人たちには「非国民」というレッテルがはられ、大多数の国民が、同調圧力も作用して、あるいは「非国民」とされることへの忌避として、国家の動きに合わせて「主体的に」勤労奉仕、滅私奉公の形で行動したのである。当時はまだボランティアという言葉はなかったかもしれないが、今日でいうとまさに「国民総ボランティア」である。

　最初は不足した労働力を補う銃後の守りとしての「自発性」による勤労奉仕であったものが、徐々に国家の政策に包み込まれ、「動員体制」になり、さらに「国家総動員体制」となって、もはや「自発性」など関係なく国家体制に従わされていったのである。「勤労奉仕」や「滅私奉公」には上からの強制的なもの、国家によって制度化されたものと感じる部分があるかもしれないが、ここでみたように決してそうとは限らず、その時の情勢から生じる自発的なものでもあるということをあらためて留意しておきたい。

---

(6)　池田浩士『前掲書』p. 132
(7)　池田浩士『前掲書』p. 133
(8)　池田浩士『前掲書』pp. 136-137

3. 満蒙開拓青少年義勇軍／学生義勇軍

　生徒・学生の勤労奉仕の制度化に先立ち、農業移民を中心として発足した満蒙開拓団の中に、1938 年から「満蒙開拓青少年義勇軍」というのが組織された。義勇軍は「東洋平和の確保に貢献する」というスローガンが青少年の心をとらえ、第１次の募集で 9950 名が志願した。満州現地民を刺激することを避けるため、名称を「満蒙開拓青少年義勇隊」と変え、文字通り未耕地を開拓しながら、国境守備隊として最前線の防備にもあたった。日本国内では高等小学校や中学校の教員が応募の勧誘と説得に努めた。最終的には 10 万 1514 人の青少年が義勇軍／義勇隊を志願した [9]。

　同様な動きとして 1937 年に複数の大学の学生によって「学生義勇軍」が組織され、医学生が健康診断や病気治療を行うなど専門分野に即した活動を行った。これは学生たちによって始められたまさにボランティア活動であったが、翌年には文部省がこれを主催するようになった [10]。「満蒙開拓青少年義勇軍」は当初から政府主導の組織であったが、「学生義勇軍」は発足当時は学生の主体的・自主的な組織であった。それを文部省が制度化したのである。ボランティア活動として始まったものを制度化・官製化したものの一例である。

　ちなみに、青少年義勇軍／義勇隊は 1845 年 8 月のソ連軍の侵攻によってその最初の標的になり、多くの犠牲者を出した。自発的に参加した若者が結果的に命を失うということが起こったのである。若者の自発的な参加とはいえ、応募を勧めた教員はその事態をどのように受けとめたであろうか。自発性の危険性はこのようなことにもある。

4. 東京帝国大学セツルメント

　1923 年の関東大震災時に大学構内や上野公園で罹災者救助活動を始め

---

(9)　池田浩士『前掲書』p. 143
(10)　池田浩士『前掲書』p. 139

た東京帝国大学学生たちは「学生救護団」と呼ばれ、食糧配給や防疫作業などのボランティア活動を行った。さらに大学内や市中の避難者の名簿を作って東京日日新聞(のちの毎日新聞)に掲載し、「尋ね人」の活動を行った。文字通り自発的で、無報酬であり、この時こそが「元祖ボランティア元年」といえよう。

　学生救護団は被災者・被災地への直接の救護活動だけでなく、地方の人々に東京在住者の安否情報を提供する「東京罹災者情報局」を設置し、さらに氏名が判別した死亡者の名簿作りや、火災による消失区域図を作成したりして活動を続けた。それらの活動の中で社会的な階級の違いが地震による被害の大きさの違いにも現れることを知る。その学びから、罹災者を支援するという一時的な活動から、底辺層の人々と共に生きる活動へと志向し、1923年10月11日に学生救護団の分散式を行い、同12月14日に「東京帝国大学セツルメント」の設立総会を開催した (11)。そこでの活動は学生救護団の活動で出会った罹災者のような悲惨な生活を日々送っている人たちへの支援を中心にしたものであり、底辺から社会を変えるという地域に根ざす活動であった。

　東京帝国大学セツルメントはセツラーと呼ばれるボランティアが中心であったが、常任の主事を置いて、活動は児童部、託児部、医療部、法律相談、労働学校、少年学校、婦人学校、消費組合などへとどんどんと拡がっていった。大正デモクラシーの影響もあってか、社会を鋭く見つめての主体性と自治を大事にしながら活動を進めた。

　しかし1926年に大正から昭和に代わるころから日本は大正デモクラシーを一掃し、ファシズムの時代へと移行していく。大正デモクラシーをリードした学者や活動家たちも弾圧の対象となり、「転向」を強いられていく。そんな中で東京帝国大学セツルメントも変容を迫られ、活動の継続に赤信号がともる。児童部や託児部、あるいは医療部などは地域に深く定着し活動は続けられたが、労働学校は文部省思想局や特高(特別高等警察)から赤化思想(左翼思想)を植え付けるものとしてマークされていく。

(11) 池田浩士『前掲書』p.54, p.76

　1925 年に公布され、1928 年に改定された治安維持法による弾圧と検挙はセツルメント関係者もその対象になった。労働学校は 1932 年の第 23 期が最後となった。そして 1938 年 1 月に「声明書」を発表し、セツルメントの名称を廃して「大学隣保館」と改称した。これは言うまでもなく単なる名称変更ではなかった。出された声明書では、「内部組織が既に現実と適合しない」こと、「学生にとって負担が大に過ぎる」とともに、「事業の維持、発展に十分たり得ない」ことなどにより、「事業を刷新して時勢の要求に適合せしめ得べき」との説明がされている[12]が、要するに国家のファシズム化の流れの中で、左翼視されているセツルメントに対する当局の圧力に屈して、「転向」を図ったということである。

　名称変更の声明を出したのが 1938 年の 1 月 29 日であったが、そのわずか 5 日後の 2 月 3 日に大学隣保館の「自発的閉鎖」となる[13]。名目は「自発的閉鎖」であるが、文部省思想局や特高の圧力や強要によるものであったことは明白である。そしてこのセツルメント解散から 4 か月後の 6 月には本節 2 で取り上げた生徒・学生の「集団的勤労奉仕作業」が始まっている。セツルメントという学生の自主的・自発的活動を抑え込む一方で、国家の意向に沿う奉仕活動を制度化していったのである。勤労奉仕活動の制度を導入しようとしていた政府にとって、真に自主的・自発的活動であったセツルメントは目障りのものであったのであろう。

　元祖ボランティアともいえる学生救護団、それを引き継いだ東京帝国大学セツルメントは十数年の歴史を閉じる。徹底して底辺層の住民とともに生きながら社会問題と対峙してきたセツルメントのメンバーたちは、抵抗はしたと思うが、戦時への国家総動員体制の中ではそれも果たせなかった。解散後のセツルメントのメンバーはその後どのような道を進んだかは分からないが、表向きは国家総動員態勢に合わせながらも、内面的にはセツルメント思想ともいうべきものを持ち続けていった人もいるだろうし、全面的に「転向」していった人もいるだろう。それを責めたり批判したりする

---

(12) 池田浩士『前掲書』pp. 124-125
(13) 池田浩士『前掲書』p. 127

ことはできないが、これが戦争の、有事のときの実態である、ということである。

5. 戦争と自発性

　以上、見てきたように、有事には国家の意向に合わない自発性は否定され、国家の意向に合う自発性へと変えさせられる。国策にそった自発性は制度化されていく。そして多くの国民は戦時には自発的に戦争に参加している。強制されなくても。それは国と国の戦争だけでなく、例えば地域間の争いや集団間の抗争のときも同様である。その際、その敵が「悪者」であり自分たちが「正義」であると認識されるほど自発性は高まる。そのためリーダーはそのことを強調する。「敵」が明確であるほど、自発性も忠誠心も強化されていく。自発性が国家の国策に共鳴する。

　その自発性は時には自分の命まで提供する。神風特攻隊がそうであり、自爆テロがそうである。神風特攻隊では、特攻隊員は強制ではなく、自らの意思で出撃した（＝自発性）とされるが、これが有事（戦争）のときの極限的な異常性である。起こった事実を冷淡に表現すれば「大量殺人」であるが、国家・国民からは英雄視される。本人だけでなく家族・親族にも、身内が国家のために命を捧げたとして、美談にされてしまう。人を助けようとして、自らの命を落とすのとはまったく違う。民間人を含む敵国の人々の命を奪うために、自らも犠牲になるのである。通常、自分が命を失うことは恐怖のはずである。死に至る行為は避けたいはずである。それがそうでなく、「お国のために」「天皇陛下のために」（＝利他性）、しかも、徴兵であろうと志願であろうと、困窮している戦時のことであるからほとんど無給であったろう（＝無償性）。神風特攻隊にはボランティアの3原則がそろっている。これが戦争というものである。

　そして相手方に多くの死者を出しても、自爆した者の罪は問いようもなく、その行為がさらに憎しみを増大させ、争いがエスカレートする。2001年9月11日に起きたアメリカでの同時多発テロは、アフガニスタン侵攻、さらにはイラク戦争へと進んでいった。この戦争でも、多くの「志願兵（volunteer）」が参戦したといわれている。

ボランティアにおける「自発性」は言うまでもなく重要である。しかし、そんなに遠くでもない過去を振り返ってみると、国家の一大事である戦時においては、国家は国民のその自発性を利用し、国民はそれに同調して、あの悲惨な歴史を残したのである。このことを我々は忘れてはならない。自発性というのは決して無条件に称賛されるものとは限らない。自発性は諸刃の剣である。

第2節　介護保険とボランティア

1．介護保険制度の見直し

　政府は2014年に成立した地域医療・介護総合確保推進法に基づき、2015年に介護保険法の一部改正を行い、移行期間を経て、2017年4月から介護保険制度の見直しを行った。その内容は、要介護度の比較的軽い「要支援1、2」の高齢者が利用する通所介護（デイサービス）と訪問介護（ホームヘルプサービス）を、全国一律事業である介護保険から市町村の独自事業に移行するというものである。すなわち、この両サービスは介護保険の保険給付からはずれ、「総合事業」（介護予防・日常生活支援総合事業）として市町村が提供するようになった。

　高齢化で膨らみ続ける介護保険の費用を抑え、地域の実情に合わせた多様なサービスを提供するのが狙いとされるが、委託された市町村はさまざまな課題を抱えているようである。そのなかでも最も顕著なのが、「サービスの担い手確保が難しい」ということである[14]。なぜ担い手が確保できないのか。

　介護保険制度ではサービスを提供できるのは指定を受けた事業所だけであるが、総合事業では介護事業所だけでなくNPOやボランティアも担い手になることができるようになった。また、介護保険では人員基準や事業者への報酬、利用料は国によって一律に決められているが、総合事業では自治体が独自に基準や利用料を決めることができるようになり、介護保険に比べ必要な職員数などを緩和したサービスも提供できるようになった。従ってサービスの担い手は確保しやすくなったはずである。しかし前述したように実態はそうなっていないのである。なぜなのか。

　そもそも介護保険では軽度者の介護は重度者に比べると事業所の報酬は低い。そのうえに新サービスでは人員基準を緩める代わりに報酬も下がり、

(14) 西日本新聞（2017．8.19）「軽度者サービス運営難航　小規模自治体　業務に限界」

採算が取れにくくなった。そこでそれまでは同じ介護保険対象者ということで重度者にも軽度者にも対応していた大手の事業所の一部は、新制度で軽度者が介護保険から切り離されたことで、報酬が高い重度者の介護は続けても、報酬が低い通所介護・訪問介護からは撤退を始めた、というのがひとつの理由のようである。

2．ボランティアの参加

　一方で、介護事業所とは別に、担い手として想定していた NPO やボランティアも、政府の想定の通りには集まっていない。すでに各地で取り組まれている介護予防が目的の「いきいきサロン」等に通う地域住民に、この事業のボランティアとしての期待が寄せられるが、必要なだけの人材はそう簡単には集まらないのが実態である。要支援 1、2 といっても中には初期の認知症の人もいるし、身体に障害をもつ人もいる。介護の専門でない「無資格者」では、サービスを提供する側も（家族を含めた）受ける側も、一部では不安をもつ人もいるかもしれない。個人的に支援することはできても、事故が起きた場合などを考えると、市町村が行う事業にかかわるのは躊躇するのは当然であると思われる。

　永田・林（2018）も、高齢者支援等の活動を行っている高齢者の調査から、「介護保険制度の利用に習熟しつつある要支援高齢者が、有償ボランティアによるサービスを受容できるかが問題となるであろう。専門家による公的サービスと個人的な信頼関係による相互的サービスでは、その利用に対する権利や依存など意識面では大きな違いがあると思われる。（中略）一括して有償ボランティアへ移行した場合、ボランティア人材が確保されたとしても利用を希望する者がいないという状況になることも想定できる」と述べている[15]。その「想定」が現実となっているわけである。

　厚生労働省は 2018 年 4 月に、介護に関する「入門的研修」というのを

---

[15]　永田志津子・林美枝子（2018）「高齢者生活支援サービスにおける有償ボランティアの課題～社会参加高齢者の調査から～」『札幌大谷大学社会学部論集第 6 号』p.95

導入している。介護保険制度の概要や介護予防・認知症予防に役立つ体操などの「基礎講座」3時間と、入浴や食事の生活支援法、認知症の理解、介護現場でのリスクの予防や対応などを学ぶ「入門講座」18時間があり、都道府県や市町村が実施する。介護専門職の補助的な仕事をして、不足する介護職の負担軽減や介護の質の向上を目指すというものであるが、総合事業に参加するボランティアへの参加期待もあるだろう。しかしそれにもかかわらず、サービス提供者として意思表示をするものは多いとはいえないのが実情であるという⁽¹⁶⁾。

3. なぜボランティアなのか

　総合事業を始めた目的は「介護保険の費用を抑えること」と「地域の実情に合わせた多様なサービスを提供すること」であった。費用を抑えるためには、（利用料を上げたりするわけにはいかないので）介護者の人件費を少なくするしかない。だからボランティアという発想になる。まさに公的制度である介護保険において、（ここでも若干の報酬はあるかもしれないが）基本的には無報酬が原則であるボランティアで公的事業を行うということである。別な言い方をすれば、公的制度の一部を切り離して、それをボランティアに代行させるということである。その際、想定されるボランティアはおそらくそれなりの高齢者と推測される。若い人であったら資格をとって収入の安定する介護事業所やNPOに登録して、プロ（職業）として働く人が多いと思われる。ボランティアとして福祉の世界に入った人の中には、資格をとってプロになる人も多い。

　それに対して高齢者であったら、年金や預貯金等で経済的にはある程度余裕があり、フルタイムで活動する必要もない人も少なくない。一方でプロになれば時間的拘束も多くなる。となれば、いまさら資格をとってまでプロとしてやろうという人は少ないと思われる。しかしボランティアなら資格はとらなくてもできるし、時間的にもそれほどの負担にはならないだ

---

(16) 永田志津子・林美枝子『前掲書』 p.76, p.77, p.94

ろうということで、まだ元気な高齢者の参加が予想される。経費削減のために高齢者がボランティアとして、「活用」されるといえば聞こえはいいが、見方を変えれば「利用」される仕組みである。

　それに加えて政府が主張していたのはボランティアの「生きがい」と「介護予防」である。高齢者が他者のお世話をすることで生きがいを感じ、そのことによる自己肯定感、自己実現感、そして実際に体を動かすという物理的行動が、お世話をする高齢者自身の介護予防になるということである。たしかに自分が役に立っているという自覚は生きがいでもあり、社会参加という機会は精神的にも身体的にも介護予防につながるかもしれない。

　しかし前述したように、介護専門職としての資格をもたない人が他者（高齢者）の介護を行うことは事故の心配や利用者（要支援者）の受け止めもさることながら、専門職（有資格者）が社会的制度の中で介護を行うという介護保険制度の趣旨にもそぐわないのではないか。要支援者も通所介護と訪問介護以外は介護保険制度内のサービスを受ける。要介護者は通所介護も訪問介護も介護保険としてサービスを受ける。なぜ要支援者は（総合事業になって利用料は少し安くなるかもしれないが）同じ介護保険加入者なのに、プロの介護は受けられず、ボランティアの介護を受けなければならないのか。

　ボランティアはその活動が「生きがい」や「介護予防」になるかもしれないが、それを理由として通所介護や訪問介護をボランティアに任せることは、費用削減（介護保険の費用を抑えること）という本音を隠すための戦略と見えてしまう。まさに「やりがい詐欺」との批判も的外れとはいえないのではないか。

　もちろん、地域で元気な高齢者が、自分より先に要支援・要介護状態になった人たちに手をさしのべることはいいことである。そのような自然な手助けが少なくなった今日、それを復活させることに筆者も異論はない。支援を行った高齢者が、次は自分が支援を受けることになったとして、そのときは遠慮なく支援を受けることができるということもある。以前はそれなりにあった、そのような地域での相互扶助の慣習（共助）がよみがえることが望まれる。

　ここで問題にしているのは、21世紀に入って介護専門職の養成を含めて鳴り物入りで始めた社会的介護である介護保険が、早くも財政面で行き詰まると、その公的扶助（公助）を一部放棄して、ボランティアにゆだねようとしていることである。共助活動としてのボランティア活動はそれとしてあってもいいし、さらに活発になることが期待されるが、制度としての仕組み（公助）は維持すべきではないかということである。

4．プロとボランティアの混在

　この事業のもうひとつの問題は、資格を持ったプロの介護者と持たないボランティアの混在である。要支援者の介護を行うのは介護事業所、NPO、ボランティア等となっている。介護事業所も参加していれば、ある利用者には資格を持った介護職が対応するということになるだろう。一方ボランティアも参加しているとすれば、こちらは資格は何も持っていない可能性がある。資格を持った人はボランティアとして参加するよりも、規定の報酬が得られる介護事業所に登録して働くという選択をする可能性が高いということは容易に推測される。

　資格を持った人が持っていない人よりも必ずいい介護ができるとは限らない。資格はなくても利用者に寄り添い、上手に支援ができる人も少なくない。資格があっても利用者からは必ずしも評価されるとは限らない。とくに訪問介護の家事援助等は資格を持った若い介護者より、家事経験の豊かな中高年のボランティアがいい仕事ができるかもしれない。しかし平均していえば、やはり資格を持った人が望ましいといえる。そうでなければ資格取得のためのさまざまな講習会が実施される意味・理由がない。総合事業は介護資格とそのための講習会を軽視していると言わざるをえない。

　有資格の介護職の立場からは、時間と経費をかけて介護福祉士等の資格をとった自分たちと、そうでない人たちが同じ報酬となることには納得できない人がいてもおかしくない。ボランティアのほうは、並行して専門の介護職もいるとしたら気兼ねが出てきて、主体的に活動しにくいかもしれないし、それが参加者が集まらないひとつの要因になっているとも思われる。

逆に、資格を持った介護職員と持たないボランティアとで賃金に差をつけるとしたら、有資格者のほうは一定納得がいくかもしれないが、別の問題が生じる。有資格者は当然労働者として職務のことや賃金について契約書を結ぶはずである。賃金に関してはいうまでもなく最低賃金法に基づいて決められることになる。しかしボランティアのほうは職務や報酬に関する契約書はあるかもしれないが、労働（雇用）関係ではないので最低賃金に関しては拘束されない。つまり、ボランティアで参加する人には最低賃金法も適用されず、社会保険もない可能性が高い。それでも本来専門職員が行う業務を行うことになるとしたら、同じことをしているのに処遇が違うということに納得がいかない人がでてくる可能性は否定できない。

5.「有償ボランティア」の再登場

第2章第2節2で「有償ボランティア」について取り上げた。無償性というボランティア／ボランティア活動の原則が揺らいでいること、交通費や食事代を含めた少々の謝礼は今日では珍しくないこと、そのほうがボランティア活動を受ける側も支援を受けやすいことなどを述べた。しかし、そのような活動スタイルがあってもいいが、やはりボランティア／ボランティア活動の本来的な意味からはこの言葉は内部矛盾を有するものであって、異議の声も多く、さまざまな論議の結果、「有償サービス」「有償福祉サービス」「住民参加型在宅福祉サービス」などという言い方が提起され、100％までとはいえないとしても、ある程度の決着はなされたかと思えた。

しかし、総合事業の開始と推進に伴い、再び有償ボランティアという言葉が散見されるようになった。市町村が参加を呼びかけるときの言葉として、事業の説明の中で、さらに研究論文等でも増えてきている。総合事業で、なぜ有償サービス・有償福祉サービスではなくて有償ボランティアと称されるようになったのか。

考えられる理由のひとつは、ボランティアという言葉の誘引性、この言葉のもつ魅力的ニュアンスである。とくに高齢者の場合、退職後何らかのボランティア活動に参加するということは昨今のトレンドにもなっている

し、ボランティア活動に携わっているということは、他者に対してポジティブな印象を与えるだろう。同じ活動でもサービス事業といえばただ単に働いているという受け止め方をされるだけかもしれないが、ボランティア活動といえば社会貢献を行っているということになる。「生きがい」とか「自己実現」というのは「働く」ことでも得られるものであるが、ボランティア活動で得られるものはそれを超えるものであろう。内容が同じならば、募集する側からは「(有償) サービス従事者募集」というより「(有償) ボランティア募集」としたほうが集まりやすいかもしれないし、また参加する側は自らを「(有償) サービス従事者」というより「(有償) ボランティア」と位置づけたほうが、すなわち「働きに行っている」というより「ボランティア活動に行っている」としたほうが、参加の敷居を低くするということもあるかもしれない。

　有償サービスではなく有償ボランティアとするもうひとつの理由は、労働という次元での方策である。前項でもふれたが、ボランティアでなく(パートであっても) 従業者 (被雇用者) であったら雇用契約を結ばなければならない。そこには最低賃金や所得税等の問題が生じる。しかしボランティアであったらそこが違う。実際、有償ボランティアが受け取る「謝礼金」はほとんどが最低賃金以下である (齊藤 (2022) によれば平均値775.31円、中央値650円)[17]。また、雇用関係であれば社会保険や諸手当も必要になる。しかし「有償」であっても「ボランティア」と位置づけておけば、労働契約等もそれほど厳密にしなくても問題にはならないだろう。雇用する側としては好都合ということになるわけである。

　なお、被雇用者の所得税とは別に、事業所の法人税の問題として注目を集めた裁判があった。NPO法人流山ユー・アイネットが有償ボランティア活動として実施していた「ふれあい事業」に関しての法人税をめぐる流山訴訟では、千葉地方裁判所は2004年4月、その余剰金に法人税を課税

---

(17)　齊藤紀子 (2022)「『有償ボランティア』における謝礼金がもつ課題と可能性」『日本福祉教育・ボランティア学習学会研究紀要 Vol.39』　大学図書出版　p.146

する判決を下した[18]。「有償ボランティア」と称して、外形的には「ボランティア活動」という形の活動であっても、客観的形態からすれば金銭のやりとりがあり「請負業」と見なされ、事業所の法人税は課税されるということである。これは会員に支払われる報酬（謝礼）に対する所得税の話ではないが、このような事業も一般的な営利事業と同様に見なされるということになるというひとつの事例であろうか。今後「有償ボランティア活動」が増えれば、労働法との関係で新たな課題が生じてくるだろう。

　以上のように、集めやすさ、雇いやすさなどから、有償サービスではなくて有償ボランティアとしている事業所は、政府の意向やPRもあって、増えていくと思われる。経営的に正規の雇用が厳しい福祉施設等で、最低賃金法にも違反しないし社会保険や諸手当も用意しなくていい（しかし無償では申し訳ないので一定程度の謝礼を支払う）ボランティアを活用することは、今日の福祉業界の実情からやむを得ないかもしれない。しかし、公的福祉制度である介護保険にこの仕組みを利用する（ボランティアが公的な制度に組み込まれている）というのはおかしいと言わざるをえない。ボランティアの無償性を歪んだ形で取り込んだ「安上がりの福祉労働」ではないかと思う。

　そもそも公的制度にボランティアを導入しようとすること自体に問題がある。もちろん民生委員とか自治会会長とかは公的な業務を行っているボランティアといえるが、これらはそれほどの専門的知識・技術を要しない。それなりの研修は必要かもしれないが、実態として資格は必要としない。それに対して訪問介護と通所介護は専門的な業務である。いくら軽度の要支援者・要介護者といえども公式に介護認定を受けた人たちであるから、その人たちへの公的な介護には基本的に資格が要求される（はずである）。

　介護保険制度における財源の問題があるからといって、無償性に目をつけてボランティアを利用する（しかもここで述べたように諸々の事情によ

り「有償」のボランティアにする）のではなく、そこは別の解決方法を見出して、この総合事業はもとに戻すか、またはボランティアに依存しない仕組みにすべきではないかと思う。

なお、以前から（中には介護保険開始前から）存在し、いまも活動を展開している全国各地の住民参加型福祉サービス活動においての有償サービス活動は、ここでは問題にしていない。もともと少額の謝礼や、提供したサービス時間分を将来自分が使えるようにする「時間貯蓄」制度、あるいはその地域でのみ使えるチケット「地域通貨」の提供などは、地域での相互扶助活動における有償サービスとして認識されていた。それを「有償ボランティア」と称することについて 1980 年代の後半に論議されたわけであるが、あくまでも「有償」という言葉と「ボランティア」という言葉をつなぐ言語上の矛盾の議論であった。

ここで問題としているのは、公的制度として国民に保険料を義務化し、利用者からも利用料を徴収する介護保険に関連している事業を、資格を有する介護専門職ではなく資格を条件としない非専門職の人を、非正規での採用で行っていることである。しかも、一部ではそれを有償サービスではなく、煩わしい名称の有償ボランティアと銘打って実施しようとしていることである。

ところで、ここで取り上げた「総合事業」とは別な形の取り組みとして、要介護認定を受けたデイサービス利用者が、そのデイサービス事業（活動）の一環として、コンビニや配達業などの「仕事」をするという取り組みが行われている[19]。具体的には、要介護2程度の利用者がレクリエーションの時間を使って、施設職員のサポートを受けながら、コンビニで接客を除く商品陳列や検品に従事する（船橋市のデイ事業所「安らぎの森前原」）、ヤマト運輸のダイレクトメール便の配達を行う（大牟田市の介護事業所）、ポスティングや自動車ディーラーでの洗車を行う（東京都町田市のデイサービス「DAYS　BLG！」）などである。これらは有償であり、例えばコンビニの場合、1回1時間、3回働くと系列店で使える千円券の商品券が

---

(19) 西日本新聞（2021.10.25）「要介護者も働く喜び　コンビニや配達 生きがいに」

もらえるという。人の役に立てる喜びが自己実現や生きがいにつながるとして徐々に拡がっているようであるし、厚生労働省は2018年、デイサービスの活動の中で利用者が地域でこのような活動に参加できる通知を全国の自治体に出した。

　総合事業の従事者としてボランティアを募り、その意義（目的）のひとつとして「生きがい」「自己実現」があげられていること、それが介護予防になること、しかしだからといってそれを目的としてこの介護保険という公的事業に、介護の専門家ではないボランティアを採用することには問題があることを先に述べた。しかし、この総合事業のボランティアと、デイサービスの活動の一環としての「仕事」は異なったものであり、総合事業のところで述べた批判はデイサービスの「仕事」には当てはまらない。いずれも、その活動の意義のひとつに「やりがい」「自己実現」があげられているが、総合事業は公的な事業であり、事業の対象は認定を受けた要支援者である。働き手は基本的には有資格者であるべきであり、それに対しては正当な報酬が支払われるはずのものである。それに見合う技量と責務が必要であり、ボランティアだからといって手加減は許されない。

　一方のデイサービスにおける「仕事」は、現在のところ対人的な活動は行われておらず、資格を必要とする業務にもついていない。報酬も一般的な金額に比べるとかなり低い。レクリエーション活動は心身を活性化することが主たる目的であるが、「仕事」でいくらかの緊張感を抱き、やりがい・生きがいにつながることは、まさに心身の活性化であり、レクリエーション本来の意味である「リ・クリエーション（re-creation＝再び創る、元気回復）」になる。このような取り組みがさらに拡がることが期待される。

　ただし、この活動にも一部では「有償ボランティア」と称しているところがあることは気がかりである。「デイサービス利用者の勤労活動」とか「デイサービス利用者の労働活動」とかの名称にしたらどうだろうか。

第3節　東京オリンピック・パラリンピックにおけるボランティア

1．東京オリンピック・パラリンピックにおけるボランティアの募集

　東京オリンピック・パラリンピック（以下、「オリパラ」）は新型コロナウイルスの蔓延により無観客となった。そのため、当初の予定とはかなり違った形となったものの、人数的にはあまり変化なく集められたボランティアであるが、さまざまな課題を残した。ここではオリンピック開催前の2018年7月10日初版発行の本間龍著『ブラックボランティア』(角川新書)を参考にして、オリパラにおけるボランティアの参加について考察する。

　組織委員会が2018年3月に発表した計画では、東京オリパラ大会における必要なボランティアを11万人（会場周辺業務を行う「大会ボランティア」が8万人、国内外旅行者案内を行う「都市ボランティア」が3万人）と発表した。その募集要項では、参加条件を1日8時間、10日以上従事できる人（2018年6月11日に5日以上に変更）、事前の研修に参加できる人とした。また、組織委員会から給付するのは制服（ユニフォーム）と食事とボランティア保険のみで、会場までの交通費、宿泊費は自己負担とした。

　この募集に先立ち、2014年に組織委員会は全国の800以上の大学との連携協定を結んだ[20]。大会がちょうど大学の夏休みの期間と重なるので、大学生の参加が期待されたものと思われる。また、期間中東京が極暑になる可能性から、高齢者より青年層が健康面での心配が少ないということも（表向きにはいわれていないが）あったと思われる。外語系大学では「通訳ボランティア育成セミナー」を開催するところもあった。一部の大学では「ボランティア教育」という授業が開講され、単位認定も行った[21]。

(20) 本間龍（2018）『ブラックボランティア』株式会社KADOKAWA（角川新書）p.27
(21) 本間龍『前掲書』p.28

11 万人のボランティア枠以外に「中高生枠」を設けるという動きもあったという⁽²²⁾。

２．オリンピック・パラリンピックの変容 － 営利事業化

　1984 年のロサンゼルス大会以降、オリパラは大きく変化した。それまでの五輪は開催都市・開催国からの出資を主たる財源とし、準公共的で非営利的なものであった。しかし、ロス五輪以降は、スポンサーの協賛金やテレビ局の放映権を主たる財源とし、商業化・興業化した営利事業（利益追求の興業）となった。今回の東京大会でもその費用はテレビ放映権、スポンサー協賛費、チケット販売、税金からとなっている。回を追うごとに派手になり、開催費用も増加の一途で、それが負担となり立候補する都市も減少してきている。東京大会が選考に選ばれた（勝ち抜いた）のも「コンパクト化」という PR がひとつの要因であったといわれている。

　しかし実際はそうならず、招致時の立候補ファイルに示された予算は7340 億円であったのに対して、2017 年の５月 31 日段階で１兆 3850 億円、2020 年末の段階で１兆 6440 億円と見積もられ、最終的には１兆 4538 億円となり（組織委員会発表）、招致段階から２倍にふくれあがった⁽²³⁾。コンパクト化とはまったく逆になってしまったのである。

　さらに、オリパラ終了後に会計検査院が調べた結果、組織委員会が公表した最終報告と比べて約２割増しの１兆 6989 億円となったことが明らかになった。会計検査院は、選手強化やドーピング対策事業費、会場改修のために自治体に出した補修費なども計上すべきだとした金額を示した⁽²⁴⁾。経費肥大に対する国民の批判を避け、「コンパクト五輪」を何とか印象づけようとする組織委員会と、公正さを示した会計検査院の相違がみられた報告であった。

(22)　本間龍『前掲書』p.29
(23)　西日本新聞（2022.6.22）「五輪経費１兆 4238 億円　招致段階から２倍」
(24)　西日本新聞（2022.12.22）「東京五輪経費『1.7 兆円』最終報告の２割増」

3．興業化したオリパラにおけるボランティアの意味

　そのように今や商業化・興業化した営利事業のオリパラにおいて、ボランティアを募集する理由は何であるのか。プロ野球やJリーグで、球団関係者や競技場職員とは別に、ボランティアを募集し、会場案内や業務補助をしてもらうということはあり得ない。入場料を取る音楽のコンサートで、イベント事業者が、ボランティアによってチケットの受付やパンフレットの配布をすることは考えられない。すべては有給の職員・社員で、あるいはアルバイトを雇って行うはずである。もし仮に、「お手伝い」をするファンや有志の人がいたとしても、全体のスタッフの数からするとオリパラとは桁が違うほんのわずかな数であろう。

　実際、東京大会ではそれを運営する組織委員会は約1100人の職員で構成されていたということであるが、そのうち約3割が東京都からの出向、約2割が国・地方自治体からの出向、約3割が民間企業からの出向、約2割が契約職員であった。これらの出向者はすべて自治体や企業から給料は支給されているし、契約職員は最低賃金は言うまでもなくそれなりの報酬が保証されているはずである。出向者も契約職員も当然労災保険や残業代はついているだろう。それは当たり前のことであるが、つまりは職員1100人の大きな規模の事業所が行ったスポーツイベントであった。

　そういうイベント事業所がなぜボランティアを導入するのか。企業の協賛金や入場料や税金による収入があるのに、なぜオリパラであったらアルバイトではなく、ボランティア保険以外には労災もない、労働基準法も適用されないボランティアなのか。協賛金・入場料・税金等だけでは足りないからか。なるべく税金を使うことを減らすためか。プロ野球やコンサートと違って「派手に」「大がかりに」やって「レガシーを残す」ためにお金がかかり、それを補うためなのか。それとも、それほど金銭的には困っていないが、こういう事業には必ずボランティアが集まるものであり、それを利用しないという手はない、ということなのか。五輪という美名のもと、多くを無償で調達しようということなのか。

　組織委員会がボランティアの募集をしたときの誘いの言葉が巧みであ

る。「一生に一度の舞台を提供し、多くの人々と感動を分かち合える」「一丸となって五輪を成功させ、世界中の人々と触れ合える場」「ボランティアは大会の顔」「感動を体験していただく貴重な機会」「ボランティアの活躍は大会の成功に大きく貢献」「大切なパートナー」「ボランティアと一緒に大会を作り上げていきたい」。ホームページ等ではこのような美辞麗句が並んでいる[25]。

　しかし繰り返し述べるが、今や五輪は大規模で営利を目的としたイベントである。オリパラという名で莫大な寄付を集め、そのうえに巨額の税金を使っても、オリパラということで文句も出にくい。放映権は我々には想像がつかないくらいの高額である（そのしわ寄せで開催期間が真夏になったり、競技時間が開催地の夜になったりしている）。それなのにボランティアを10万人も集める。参加することを絶賛して。

　それに対して批判が出ても無理はない。「利益追求の興行を無償ボランティアでささえる」と。そしてもっと辛辣に「感動詐欺」「やりがい詐欺」と。さらにそのトップのIOC会長は多額の収益を失うことを避けるため、コロナ禍でも強引に実施することに対して、アメリカのワシントン・ポストからは「ぼったくり男爵」とまでいわれてしまった。このような動きを背景に、NHKが2018年6月に行った調査では、「ボランティアに参加したい」は15%、「したくない」は83%であったという。これが原因かどうかは定かではないが、組織委員会は2018年6月11日に交通費1000円程度を認めると発表した[26]。

4．延期・無観客におけるボランティア

　東京オリパラは新型コロナウイルスの拡がりで1年の延期となった。さらに1年たっても感染は拡がり続けて無観客となった。外国からは言うまでもなく、日本国内からも観客は来ないわけだから観客や海外旅行者は皆

---

(25)　本間龍『前掲書』p. 18, p. 21, p. 103
(26)　本間龍『前掲書』p. 194

無になったはずだが、ボランティアは引き続き必要とされた。一度決められていた役割も大幅に、それもきわめて曖昧な形で変更になった。

　せっかく応募してくれた人たちに今更「要らない」ともいえず、一方で確保した資源を手放すこともないとの思いもあったろう。さらにはボランティアにかけている経費はユニフォームと保険料と弁当代ぐらいであるし、ユニフォームは延期決定時には（遅くとも無観客決定時には）すでに購入済みであったろうから、ボランティアを減らしてもあまり運営費の節減にはならない、ということもあったのではないか。これがアルバイトであったらおそらく大幅に削減されたであろうことは容易に想像できる。

5．選手の参加資格の変化

　スポンサー協賛金や放映料、（今回はたまたま新型コロナウイルス感染拡大のため得られなかったが）チケット料、それに税金によって運営する、商業化・営利事業化したオリパラに、無償のボランティアの大量動員は筋が通らないということを述べてきた。ところで運営面のみならず、商業化・営利事業化に並行して変わってきたことがもうひとつある。それは参加する選手の姿が大きく変わってきたことである。

　それまではいわゆるプロは参加できず、学生や企業所属等のアマチュアのみが参加できていた。それがプロの選手も参加できるようになった。野球やサッカーなどはプロの選手主体の選手団になっている。そもそも今日では、スポーツ界でのプロとアマの境界線が不透明になった。プロの陸上選手やテニス選手等が現れ、賞金や出場料などで生計を立てる人も少なくない状態になっている。今回のオリパラでもアマチュアだけでなく、プロの選手が多く参加している。

　普段の大会と違ってオリパラは、出場料やIOCからの賞金はない。しかし、直接の賞金はなくても、メダルを取ると多くの国では報奨金が与えられる。また、報奨金をもらうほどではなかった選手も、オリパラに参加したという実績は、その後の自分の種目の大会への招待などによって、経済的側面でプラスになる選手も少なくないものと思われる。

　すなわち、今日のオリパラは、運営する側の関係者は全員営利事業として、つまりは仕事としてやっているし、参加する選手も一部はプロとして、つまりは一種の職業として臨んでいる部分があるということになる。この面からみても、オリパラが旧来のアマチュアスポーツではなくなり、プロ野球や大相撲と同じようなスポーツ大会になってきているのは明白である。それを、昔のオリンピックのイメージでみている国民の純粋な善意(？)に便乗して、さまざまな面でボランティアの利用をしているのではないだろうか。

6．もうひとつの「無償性」

　そもそもボランティア活動というのは、支援の届かない人や非営利的な活動を行う組織・団体に対して無償で行うものである。営利団体、利益を求める事業体に無償で行うものではない。ボランティア活動の対象が利益を生まない（非営利である）からこそ無償の援助を行うのである。利潤を追求する活動・事業ならば、それなりの報酬を用意しなければならないはずである。本節3の冒頭に述べたように、プロ野球やJリーグにアルバイトはあっても、ボランティアを募集することは基本的にあり得ない。

　ボランティアの「無償性」については、それが揺らいできていることを第2章で述べたが、そこでは「ボランティア（活動）は（経済的な）報酬を求めない」という意味での無償性の揺れについてであった。しかし、もうひとつ指摘しなければならないことは、「ボランティア活動の対象(事業)も非営利のものでなければならない」ということである。営利事業に無償で貢献するのはボランティアとは言えない。単なる個人的無償行為である。サービス残業と同じである。営利事業が「ボランティア」と称して募集するのは、ボランティア／ボランティア活動の本質を逸脱した行為と言える。

　第2章第4節（公共性の揺らぎ）の3（公共性の多義性）のところで、いくつかの公共性の定義を紹介したが、そのなかに「個人の利害や特定の人びとに利益を還元することを目的とせず、公共の利益を追求する活動」[27]「自分や自分とかかわりのある特定の個人、あるいは限定された関係機関・団体のためにボランティアを行うのではなく、不特定多数の一般人、ある

いは関係機関・団体のためにおこなうもの」[27]というのがあった。「ボランティア活動の無償性」は、「(経済的な)報酬を求めない」ということと、「営利事業を対象にするものではない」という意味もあることを確認したい。

　ただし、ここで「営利事業」といっても、すべての事業を指しているのではない。例えば入場者が少なく、また高額の入場料を取るのも難しく、廃園を予定した私立動物園に、子ども達の楽しみを守ろうと、人件費削減のために作業を手伝うボランティアが集まり、事業が継続できたところがある。あるいは、通常の就職は難しい障害のある人たちのための福祉作業所に、ボランティアで支援に入っている人達は少なくない。いずれも、ボランティア以外の専従の人は有給である。その点ではオリパラにおける専従職員とボランティア、本章第2節で取り上げた介護保険の総合事業におけるプロとボランティアと同じである。しかし、オリパラや介護保険は国家的事業であり、財政的基盤は私立動物園や福祉作業所とはまったく違う。特に後者は子どもや障害者のためにきわめて有意義なものであるにもかかわらず、収益はあまり期待できない（営利事業として成り立ちにくい）ものである。むしろ非営利事業に近いもの、あるいは非営利事業そのものである。それに対して、今日のオリパラは、れっきとした営利事業なのである。

7.　あらためて問われる東京オリパラ開催におけるボランティア起用

　ボランティア募集のことや開催そのものの賛否を含めて、さまざまな議論を呼んだ東京オリパラが終わって1年が過ぎたとき、あらたな問題が露呈した。広告大手電通の元専務であり、東京オリンピック組織委員会の元理事が、五輪のスポンサー選定などをめぐって受託収賄容疑で逮捕された。それなりの噂は早くからあったともいわれているなかで、なぜ1年も経ってからなのか、という疑問もあるが、東京地検特捜部はことがことだけに

(27) 興梠寛（2003）「ボランタリズム・ボランティア」『現代のエスプリ（436）ボランタリズム』至文堂　p.36
(28) 川村匡由（2006）「ボランティアの位置づけ」川村匡由編著『ボランティア論』ミネルヴァ書房　p.4

慎重に捜査を進めたというのもあるかもしれないし、政府が強力に誘致し、運営にあたっては全面的にかかわった大きな国家事業でもあったので、さまざまな政治的判断がなされたということは容易に推測できる。

　本件では元理事に金銭を贈賄したとして紳士服販売、出版、広告などの大手企業5社の幹部ら12人が起訴された。公式スポンサー選定にからむ5つのルートで元理事に贈賄された金額は2億円に近いとされる[29]。スポンサーとなり巨額の協賛金を提供することは、企業の大きな出費にはなるが、大会ロゴやスローガンを広告で使用する権利や、日本代表選手団の肖像使用権を得る（独占できる）ことになる。自社のホームページや広告で、有名選手の写真を掲げることができるということは、協賛企業の大きな宣伝になる。協賛金とは別に賄賂を渡してもメリットがあるということであり、それ故にこの事件は起きたのである。まさに「五輪利権」といわれる構造が、商業化、肥大化したオリパラに、出るべくして出たといえそうである。

　さらに、開催前に行われた「テスト大会」に関連する組織委員会が発注した入札で、事前に広告業界の大手電通、博報堂、東急エージェンシーなど複数の企業の間で談合が行われたことも明らかになった。しかもその談合に組織委員会大会運営局の元次長がかかわっていたとして逮捕された。競争入札であったテスト大会が、この談合によって競争がなくなり、一部の関係企業によって利益配分がなされ、価格はつり上がったと推測される。しかも、このテスト大会を受注した企業が、本大会の運営業務を随意契約で受注していたことも明らかになった[30]。

　誘致段階から巨額の金が動いたという報道もあり、招致委員会から前述の電通元専務が代表を務めるコンサルタント会社に対して、東京大会の開催が決まる半年前から開催決定後の2014年5月までの間に計17回にわたり、その額は9億円を越える金額であったともいわれている[31]。このお金は招致のための映像制作の費用との推測もされているようだが、あまり

(29) 西日本新聞（2022.11.13）「社説　東京五輪汚職　組織委の検証が不可欠だ」
(30) 西日本新聞（2023.2.9）「五輪組織委元次長逮捕　400億円規模の談合か」
(31) 西日本新聞（2022.9.10）「五輪の闇　招致疑惑　奇妙な送金17回で9億円」

にも金額が大きい。電通の紹介を基に、招致委員会がシンガポールのコンサルタント会社に2億円超を送金していることも明らかになっており、票集めの賄賂などに使われたのではないかという疑いで、フランス司法当局から贈賄容疑で捜査を受けた組織委員会の元副会長（当時のJOC会長）が辞任している。

　大会終了2年後、さらに明らかになったのが、五輪招致のために内閣官房報償費（機密費）まで使っていたのではないかということである。2023年11月17日に、招致活動当時オリパラ東京招致推進本部長であった現石川県知事（2023年11月現在）が、開催都市決定の投票権をもつIOC委員に「政府の機密費を使って贈答品を渡した」と発言した。IOC委員の選手時代の写真などをアルバムにして、1冊20万円で約100人分作成したことなどを説明したが、翌日、事実誤認があったと撤回している[32]。多分に、自分が招致に尽力したことを言いたかったのだと思うが、機密費は何に使ったかは明らかにしてはいけないことを関係者から指摘され、あわてて撤回したのであろう。しかし、どの部分が事実誤認かについては明らかにせず、機密費は文字通り機密に処理するものであるので、おそらくこのことは永遠に明らかにされることはないだろう。上記の億単位の金額に比べればわずかな額ではあるものの、このような贈与はIOCの倫理規定に触れる可能性もあり、しかもそこに機密費を使ったということは表向きにはやってはいけないことを知ったうえでの行為であったことを裏付けるものである。（ちなみに、後日、当知事は「手持ちの参考資料として数冊作成した」「財源は自民党本部の予算」と述べ、説明が迷走している[33]。）

　このように、招致ではコンパクト五輪を銘打ったはずなのに、国立競技場の建設計画の総工費があまりにも高すぎるということでの国民の反発による計画の大幅変更、大会エンブレムの盗作疑惑と白紙撤回、組織委員会の当時の会長による女性蔑視発言と辞任、企画・演出の統括役を務めるク

---

(32) 朝日新聞DIGITAL（2023.11.18）「馳知事『私の事実誤認』東京五輪招致めぐる『機密費で贈答品』発言
(33) 西日本新聞（2023.12.14）「五輪アルバム作成　馳氏『自民予算で』 IOCへの贈答否定」

リエイティブディレクターによる、開閉会式式典に出演予定だったタレントの容姿を侮辱するような企画内容の発覚と辞任、開閉会式式典の音楽担当作曲家による学生時代の障害者いじめ告白の発覚とそれによる辞任、テスト大会をめぐる談合疑惑、そして招致活動の金銭まみれなど、関係者の不見識が次から次へと明らかになる。

　そして、前述したように招致段階での立候補ファイルで示された予算は7340億円、最終的に組織委員会からの報告で1兆4238億円、その後の会計検査院での調査では1兆6989億円とふくれあがった経費であるが、これには暑さ対策や施設のバリアフリー化費用は含まれていない。それを含めると2兆円を大きく上回ったという[34]。さらに驚くのは、「レガシー」になるといっている競技場等の施設の、今後の維持管理費である。スポーツ庁は2022年12月28日、東京大会のメインスタジアムであった国立競技場は、民営化後も維持管理費として年間約10億円を上限に公費で負担することを明らかにした。東京都などへの土地貸借料と合わせると年間20億円超を国が負担し続ける恐れがあるという[35]。国立競技場以外の施設でも同じような事態が生じると思われる。

　「コンパクト五輪」といいながら（その宣伝を有力な武器として招致をして）、莫大な費用を費やし、「レガシー」になるといっていた施設・設備は「負のレガシー」となった。その中で多くの金が動き、関係業者だけでなくオリパラ運営の中核となる組織委員会の中からも汚職が発生し、談合に関係する者もいたのである。酷暑のなかで何万人ものボランティアを無償で起用する裏で、多額の利益を懐にしていたという金権まみれのこの事実が、東京オリパラの姿（実態）だったのである。

　本節で述べてきたことは、かつての非営利五輪であったならばボランティアの意味もあったが、今日の興業化・営利事業化してきた五輪に、ボランティアはそぐわないということである。かつては開催のために多額の私財を提供していた人たちのことを指して言っていた「五輪貴族」という言

---

(34)　西日本新聞（2022.6.22）「五輪経費1兆4238億円　招致段階から2倍」
(35)　西日本新聞（2022.12.28夕刊）「国立競技場　公費年20億円も」

葉は、今日では五輪によって懐を潤し、優雅な生活をおくる人たちのことも指すようになってしまった。「ぼったくり男爵」といわれた人は、ボランティアには宿泊費は自己負担させ、自分は一泊200万円とも300万円ともいわれる超高級ホテルに宿泊していた。ボランティアの起用によって有給職員やアルバイトの雇用を減らし、それが五輪貴族たちに回ったのである。

　しかし、オリパラの独特の性格からか、多くの人々はそういうふうには考えず、たくさんのボランティアが参加した。日本財団ボランティアサポートセンターによる大会終了後の調査では、参加したボランティアの7割以上が満足したと回答している（東京五輪：「非常に満足した」35.1％、「やや満足した」39.1％、パラリンピック：「非常に満足した」40.5％、「やや満足した」38.8％）[36]。日本に限らず今後開催されるオリパラでも、当面はこの状況が続くかもしれない。

　志願した人たちを批判することはできないが、「平和の祭典」といわれて開催された東京オリパラで、これほどの金が動き、その金権まみれの中で起こるべくして起こった収賄事件や談合疑惑、まさに「汚れた祭典」となったことに、参加したボランティアはどのような気持ちでみているだろうか。

　本間龍氏がいう『ブラックボランティア』、あるいは一部から批判的にいわれている「やりがい詐欺」「感動詐欺」というフレーズは、決して的外れではなかろう。もちろん参加者はノルマではなく、いわんや強制ではない。まさに（呼びかけに対して）自発的に申し込んでいる。だから「搾取」とか「詐欺」だという批判はできないかもしれないが、商業化・興業化した事業で何が起こっているか、それにボランティアを起用すること、参加することがどういうことなのかは考える必要があると思う。

　このことは前節の介護保険・総合事業への参加ボランティアについても共通するところがある。ここでも参加するボランティア（単に「ボランティア」と言おうと「有償ボランティア」と言おうとも）を批判はできない。

しかしいずれも、人々のボランティア志向の元である自発性が、一部の人たちの利益に利用されたり、公的事業のゆがみのもとになりかねないということは否定できない。

◆ コラム ◆
── 市民マラソン大会のボランティア ──

　昨今都市型の大規模市民マラソン大会が盛んであるが、ここでも多くのボランティアを募集し、設営、受付、給水、記念品渡しなど大会運営に様々な形で参加してもらっている。これらとオリパラのボランティアとはスポーツ大会のボランティアということでは同じであるが、決定的な違いがある。それは、マラソン大会は営利・収益を目的としていないことである。したがって市民マラソン大会のボランティアとオリパラのボランティアを同じに考えるのは間違いである。

　マラソン大会を行うのも結構費用はかかる。参加者募集のチラシ制作から始まり、大会プログラム、ゼッケン、参加賞（記念品）、計時タグ、飲料、食料、入賞者への賞品、招待選手／ゲストへの交通費・謝礼、プロの警備員への報酬などが必要である。もちろんそれにボランティアの弁当代、ウインドブレーカー代なども必要である。それに対する収入は、市民マラソンにも協賛企業からの寄付はあるが、オリパラに比べると桁違いに少ない。行政が主催や後援をしていればそこからの出費もあるかもしれないが、これもオリパラとは比較にならない。放映権も同様である。では何をもとに大会が運営されるかというと、参加者の参加費である。小規模で手作りの大会は別として、参加者1万人規模の都市型マラソン大会は今日では最低1万円、ちょっと高いところでは1万5000円というのが普通である。当然のことであるが、同じ大会でも走る距離によって参加費は違う。フルマラソンが1万円であっても10キロであったら5000円という具合である。

　市民マラソンではこの参加費が最大の収入源である。もちろん収益はない。もしボランティアの参加がなかったらこの金額（参加費）では運営は難しいだろう。まさに市民の健康とパフォーマンス実現のために、ボランティアが貢献しているのである。収益事業ではないからこそボランティアの存在意義が大きいといえる。ここがオリパラボランティアとは違うのである。

参考文献

(1) 池田浩士 (2019)『ボランティアとファシズム』人文書院　p.113

(2) 池田浩士『前掲書』p.115

(3) 池田浩士『前掲書』pp.120–121

(4) 池田浩士『前掲書』pp.129–130

(5) 池田浩士『前掲書』p.130

(6) 池田浩士『前掲書』p.132

(7) 池田浩士『前掲書』p.133

(8) 池田浩士『前掲書』pp.136–137

(9) 池田浩士『前掲書』p.143

(10) 池田浩士『前掲書』p.139

(11) 池田浩士『前掲書』p.54, p.76

(12) 池田浩士『前掲書』pp.124–125

(13) 池田浩士『前掲書』p.127

(14) 西日本新聞 (2017. 8.19)「軽度者サービス運営難航　小規模自治体　業務に限界」

(15) 永田志津子・林美枝子 (2018)「高齢者生活支援サービスにおける有償ボランティアの課題～社会参加高齢者の調査から～」『札幌大谷大学社会学部論集第6号』p.95

(16) 永田志津子・林美枝子『前掲書』p.76, p.77, p.94

(17) 齊藤紀子 (2022)「『有償ボランティア』における謝礼金がもつ課題と可能性」『日本福祉教育・ボランティア学習学会研究紀要 Vol.39』 大学図書出版　p.146

(18) 東京ボランティア・センター (2010)「今日的状況下でのボランティア活動に関する基本問題研究」東京ボランティア・市民活動センター編『再考、ボランティア』東京ボランティア・市民活動センター　pp.47–48

(19) 西日本新聞 (2021.10.25)「要介護者も働く喜び　コンビニや配達 生きがいに」

(20) 本間龍 (2018)『ブラックボランティア』株式会社 KADOKAWA（角川新書）p.27

(21) 本間龍『前掲書』p.28

(22) 本間龍『前掲書』p.29

(23) 西日本新聞 (2022.6.22)「五輪経費1兆4238億円　招致段階から2倍」

(24) 西日本新聞 (2022.12.22)「東京五輪経費『1.7兆円』最終報告の2割増」

(25) 本間龍『前掲書』p.18, p.21, p.103

(26) 本間龍『前掲書』p.194

(27) 興梠寛 (2003)「ボランタリズム・ボランティア」『現代のエスプリ (436) ボランタリズム』至文堂　p.34

(28) 川村匡由 (2006)「ボランティアの位置づけ」川村匡由編著『ボランティア論』ミネルヴァ書房　p.4

(29) 西日本新聞 (2022.11.13)「社説　東京五輪汚職 組織委の検証が不可欠だ」

(30) 西日本新聞 (2023.2.9)「五輪組織委元次長逮捕 400億円規模の談合か」

(31) 西日本新聞 (2022.9.10)「五輪の闇 招致疑惑 奇妙な送金17回で9億円」

(32) 朝日新聞 DIGITAL (2023.11.18)「馳知事『私の事実誤認』東京五輪招致めぐる『機密費で贈答品』発言」

(33) 西日本新聞（2023.12.14）「五輪アルバム作成　馳氏『自民予算で』　IOCへの贈答否定」

(34) 西日本新聞（2022.6.22）「五輪経費1兆4238億円　招致段階から2倍」

(35) 西日本新聞（2022.12.28夕刊）「国立競技場　公費年20億円も」

(36) 西日本新聞（2021.12.7夕刊）「東京五輪パラ・ボランティア　7割超が『満足』」

第6章

ボランティアの意義
―今日的役割―

　ここまでボランティアに関してかなり批判的なことを書いてきた。特に第2章・第4章・第5章は、揺らぐボランティア観、怪しげなボランティア観、危ういボランティア精神について批判的な見解を述べた。それは参加するボランティアに対しても、ボランティアを利用する側に対しても、それなりの問題提起をしたつもりである。

　では、ボランティア／ボランティア活動は不要なのか、なくてもいいのか、さらに、ないほうがいいのか。そういう声が聞こえそうであるが、いや決してそうではない。ボランティア活動が必要ではないとか、なくてもいいだとかは思っていない。筆者自身学生時代から、ボランティア活動といわれることに細々とではあるがかかわってきた。間違ったボランティア活動をしたこともあったかと思うが、何らかの意義があると思ったから、あるいは必要性があると思ったから続けてきたのだと思う。

　本章では、これまでに述べてきたボランティア活動に関する問題点（批判）を、それはそれとして踏まえたうえで、ボランティア活動の意義、ボランティアの必要性について述べる。

第1節　新たな「助」

1．三つの「助」

　私たちは困った時や自分だけでは解決できない時、誰に助けを求めるか。いろいろな方法があるだろうが、まず考えられるのは家族、親族であろう。最も頼みやすい相手であり、お金を借りたり、病気の時看病してもらったり、引っ越しの手伝いをしてもらったりする。これは血のつながっている人(血縁)を頼りにするものであり、「自助」といわれている。ここでいう「自」というのは「自分」ということではなく自分の家族・親族ということである。

　もし自助が得られなかったらどうするか。ひとつ考えられるのは隣近所の人である。一時的に子どもを預かってもらったり、ちょっと物を借りたりする。一人暮らし高齢者の見守りもこれに含まれるだろう。地域での縁(地縁)での助け合いであり、「共助」といわれるものである。地縁ではない(すなわち近くに住んではいない)が親しい友人の援助もこれに近いものである。

　本来これらの援助が基本であったが、それだけでは十分でないとき、国家・行政による援助が必要となる。税による支援であり、公的な支援であり、「公助」といわれるものである。国家や自治体が未熟の段階ではあまり期待はできないが、それが成熟していく中で可能になっていく。いわゆる社会保障という仕組みであり、生活保護制度がその代表的なものである。

　以上の「自助」「共助」「公助」のほかに、一部それと重なる部分はあるが、「互助」といわれるものがある。自助や共助が特段制度化されたものではなく、やや自然発生的で不確定なものであるのに対して、互助はルール化されていることが多い。例えば職場における互助会は毎月会費を徴収し、会員にお祝い事があったり不幸があったときに慶弔金を提供する。町内会でも同様な取り組みをしているところもある。これを第4の「助」ととらえることは可能であるが、「共助」の中に含めて考えてもよいだろう。

2.「三つの助」の現実

(1) 自助

　人類にとって太古の昔から存在するもっとも基本的な助け合いは自助であるが、日本はもちろん多くの先進国で昨今はその状況が大きく変わってきている。核家族化、少子化、女性の就労・社会参加等で自助の機能は制限され、自助ではカバーしきれなくなってきている。

　例えば要介護の高齢者がいても、核家族化で同居者がいなくて介護する家族がいない、あるいは老老介護になってしまう。独居高齢者でも昔のように子どもがたくさんいれば、兄弟姉妹やその子どもで代わる代わる交代で介護に来られるかもしれないが、今は子どもが少なくてそうもいかない。中には50歳、60歳代の夫婦が双方の両親、すなわち4人の高齢者の面倒をみなければならない、ということもありうる。

　子どもの養育でも、昔は両親の仕事や病気等のときは祖父母がいればお世話をしてもらえたが、核家族ではそれはできない。ひとり親家族の増加はさらに自助を困難にする。親に何事かがあったら即座に子どもに影響する。状況によっては子どもが親の世話をしなければならないことも起こりうる。今日、親だけでなく祖父母や兄弟姉妹の世話を負っているヤングケアラーという問題が話題になっている。

　障害者に対する介助等も、これまでその中心であった母親の就労・社会参加の増加や、少子化による「兄弟姉妹」の減少で、これまでのように家族での介助（自助）が以前のようにはいかなくなっている。また、障害児者の健康・医療面でのサポート体制の増進による障害者の長寿化によって親が先になくなることも多くなり、「兄弟姉妹」も少ない上に同居という形態もあまり望めない状態が増えてきている。

　核家族化や少子化は、早くからその課題が指摘され、政府もやっとその対策に力を入れだしたかにみえるが、もはや当面その流れは変わらないだろうし、女性の就労もさまざまな社会参加も、封建的な社会を卒業した国々では健全な姿である。とすれば、もはや自助の困難は避けることのできないものであると言える。

(2) 共助

　共助も昨今大きく変わりつつある。かつての日本社会は「結い（ゆい）」「講（こう）」「もやい」「寄り合い」などと呼ばれる共助が各地にあった。「結い」は田植えや稲刈り、あるいは屋根の葺き替えなど大きな労力を必要とするときに、集落の住民が相互に協力しあって行う作業である。一家族ではできない作業を共同で行うことによって生活に必要な作業を成就するだけでなく、これらを通して住民間の親睦・結束がなされたものである。「もやい」は共同でひとつの仕事をすることとされており、「結い」とほぼ同様な取り組みといえる。

　「講」は元々は仏教行事や民族宗教においての集団又はその会合を指していたが、転じて相互扶助的な団体や会合を意味するようになった。その中のひとつである「頼母子講」は民間の金融組合の一種であり、講員（会員）が掛金を一定の期日に出し合い、入札またはクジで毎回そのなかの１人が交代で所定の金額を受取るものである。昭和30年代ごろまでは日本各地で取り組まれていた。「無尽講」というのもほぼ同じようなものである。

　「寄り合い」は、基本的には話し合いや親睦のために人々が集まること、また、その集まりをいうが、鎌倉時代後期以降、寺社や村役人の家で農事の規則や年貢の負担、村の経費の決算などが話し合われる村の協議機関のことを指すようにもなった。いずれにしても何らかの目的を持って人々が集まることであるが、そこには当然助け合いの機能もあったものと思われる。

　このような日本における労働（作業）や金銭面、あるいは精神面における助け合い、すなわち共助が、近代化に並行して、特に戦後に衰退してきた。「向こう三軒両隣」という言葉もまさに共助を表す言葉であったし、町内会というのも互助的な自治組織であったが、今日ではかなりの様変わりが見られる。とくにプライバシーの保護がいわれるようになり、個人が尊重されるようになるにつれて、互いに干渉を避ける傾向が強まってきた。都市部のマンションやアパートではお隣とも交流はなく、町内会にも加入しないということもまれではなくなってきた。

　そこでは助け合い／共助よりプライバシーが優先され、孤立化の様態で

ある。いわゆるコミュニティの弱体化であり、地域によっては崩壊である。自助だけでなく共助も期待できない時代となってきている。

(3) 公助

そこで次に期待される（必要とされる）のが公助である。こちらは前述の自助、共助に比べると状況は異なる。以前に比べて衰退しているわけではない。むしろ社会福祉／社会保障は戦前や戦後当初に比べると大幅に充実してきた。戦後処理として、生活困窮者対策としての生活保護制度、傷痍軍人対策の身体障害者福祉、戦争孤児対策の児童福祉から始まり、高度成長期になると高齢者福祉、知的障害者福祉、母子家庭福祉と範囲が拡がった。今日では障害者の定義も拡大し、従って障害者の範囲も拡がり、さらにホームレスやニートといわれる人たちにも福祉の手が届くようになった。社会構造や社会情勢の変化による自助・共助の後退に代わって、社会福祉と社会保障、すなわち公助が中心となる時代となった。

しかし、所詮これらは税金を使っての施策である。高福祉のためには高負担が必要となる。つまり公助が拡充されればされるほど、国民の税負担は増すことになる。従って政権としては国民の支持を得るためには高福祉を進めたいかもしれないが、財源との絡みで無限大に公助を拡大するわけにはいかない。国家の財政が悪化すると、拡大どころか福祉の見直し／切り捨てが行われる。実際、かつて高齢者医療の無料化に踏み切り、「福祉元年」といわれた時もあったが、すぐさま財政悪化で1割負担となり、今日では高所得者は2割、3割となっている。そのほかにも、福祉の見直し／福祉の切り捨てといわれる政策転換はさまざまな分野で見られる。

公助は国民の生きる権利、文化的な生活を営むための権利を保障するものであるが、財源上の問題でそれは有限である。高負担を受け入れないかぎり、持続可能な公助（国家、行政）に期待するのも限度がある。国家の借金（国債）が1200兆円を超える中で、これ以上国債に頼るのはまさに持続可能な社会に赤信号である。付けを次の世代に残すだけである。ただし、財源が有限であるから単純に公助も有限にすべきであるというのではない。既得権や慣習に基づく予算・執行ではなく、税をどこに配分するか、

税の執行に無駄はないかを徹底的に検証することが大事であり、それが公助も有限ということの前提である。公助（社会保障／社会福祉）以外の分野に、もっと削減できる分野があるはずである。政府・お役所の税の使い方をみると、もっと厳しいチェックが必要ではないのかと思わざるをえない。

公助は税金に絡むということではもうひとつの課題がある。行政は法的根拠に基づいて、議会の承認等の手続きを踏まえて事業を行わなければならない。もちろんすべてが議会の決定に基づくものとは限らず、中には首長の判断で執行することはあるかもしれない。しかしその場合でもきちんと何らかの手続きは経なければならないし、その執行が公正で、大方の理解・賛意が得られるものでなければならない。税金で行うのだから当然のことである。従って公助はこの縛りからも逃れられない。

また、税金を使っての事業であるから、その成果が保証されなければ行えない。時々公共事業で作ったものの、利用されることが少ないという施設や道路が批判されることがある。時の政権が、国民の支持を得ると思って全国民に配布したものが、ほとんど用を達することなく（使われることなく）、さらには残ったものの処理にも多額の経費を要し、税金の無駄遣いと批判されたことは記憶に新しい。良識ある行政マンであったら、必要性を感じても成果を確信するまで実行できないこともあるだろう。

さらに、公助は公平でなければならない。よくいわれる例であるが、毛布を必要としている被災者が100人いるとする。しかし毛布は今50枚しかない。とすれば通常考えられることは、より必要とする50人に先に配るという方法もある。しかしここで「より必要とする」基準はどうして決めるのか、という問題が生じる。高齢者を優先、子どもを優先、女性を優先といろいろ考えられる。しかしそれについても、いろいろな意見が出てくる。それでなくても混乱している被災地で、そんな基準をどうやって説明するのか、どう納得してもらうか、大変である。結局、100枚そろうまで配らない、100枚そろってから全員に配る、というのが（お役所仕事と批判されるかもしれないが）行政の（すなわち公助の）とる方法になる。融通がきかないといわれても、それが税を元にする公助である。

3. 新しい形の「助」

　人間は決してひとりでは生きていけないし、さまざまな形で互いに助け合っていかなければならない。しかし前述したように、どの形の助け合い、すなわち自助、共助、公助もいろいろな課題を抱えており、限界を呈してきている。「コミュニティの再生」が叫ばれて久しい。そして各地でいろいろと取り組まれてきた。しかし一向に先は見えない。

　そこで期待されるのが「新しい形の助」である。3つの助の中では共助に近いもので、「新たな共助」と言ってもいいだろう。また同じ環境／境遇にある者達の活動という場合もあり、そういう意味では「新たな自助」とも言える。それがボランティア活動でもある。いくつかその例をみてみよう。

(1) 高齢者の共助活動

　高齢化、核家族化、少子化等の影響で、高齢者夫婦の家庭（世帯）が増えている。さらにひとり暮らしの高齢者も増えている。子ども世帯との同居は少なくなり、仕事や子どもの教育等の関係で近くに住むことも難しいことが多い。とても自助は期待できない。近所とのつきあいも限られてくる。プライバシー保護の問題もある。共助の限界である。もちろん公助である介護保険制度がある。しかしこれも要介護者の生活すべてをカバーするわけではない。入居型のサービスはさまざまな条件があったり満室であったりで、そう簡単には利用できない。

　一方で、高齢者家庭、とくにひとり暮らしの高齢者に対しては、多くの地域で民生委員の見守り活動等が行われている。民生委員は、厚生労働大臣が委嘱する非常勤の地方公務員である。公務員とはいえ、交通費等の活動費を年間6万円程度支給されるだけの、まさにボランティア活動である。その見守り活動でも、一人で何世帯も担当しなければならないうえに、子育て関係や行政からの委託事業等の業務も多く、仕事を持ちながら引き受けることはなかなか難しく、なり手不足（民生委員の欠員）が課題となっている。国は75歳未満が望ましいとしているが、75歳以上の人も少なく

なく、民生委員の高齢化も生じている。

　典型的な公助である介護保険、形（制度）のうえでは公的制度である民生委員への期待にも限度がある。そこで期待されるのが（すでに各地で実践されているが）ボランティアによる支援である。第5章第2節で取り上げた「総合事業」という形での施策もあるが、そういう形式的なものではない、もっと自発的・主体的な活動である。地域で高齢者宅を訪問し、安否確認とともに会話等による心の活性化を図る活動、公民館等の集会所に集まっていただき（必要なら送迎も行い）おしゃべりやレクリエーション等で心身を動かす活動、近所の公園や名所に出かけて季節を体感する活動などが行われている。介護保険の訪問介護、デイサービスに似たようなものであるが、型にはまらない民間型のそれである。

　これらの活動でよく使われる公民館は、文化、教養、地域課題等を学んだり、健康づくり、仲間づくりなどを目的とした、地域住民のための社会教育を推進する社会教育法に基づく施設であり、都道府県によって数のばらつきは大きいが、全国に1万3798軒設置されている（文部科学省令和3年度社会教育調査より）。もともとは社会教育のための施設（教育機関）であるが、教育施設という側面に加えて今日では、地域の町内会（自治会）の活動の拠点として、コミュニティセンターの役割が大きくなっている。教育とか学習とかにこだわらず、地域住民が気楽に集えるものとして、次に述べる老人クラブ等も含めた高齢者が集うにはちょうどいい施設である。

　ところで、このような活動は「対象者（高齢者）」対「支援者（ボランティア）」という形で行われる場合ももちろんあるが、むしろ同じ高齢者どうしで行われることも多い。いわゆる老人クラブ（出発点では「老人会」と言っていたが、最近は「老人クラブ」とか「シニアクラブ」とか、あるいは地域に応じた固有の名称を称することが多い）がその代表的なものである。実際に、例えば福岡県老人クラブ連合会のホームページでは、その活動内容として真っ先に掲げているのは「健康づくり・介護予防活動の推進」と「高齢者・地域支え合い事業の推進」である [1]。

　とくに後者（高齢者・地域支え合い事業の推進）の中には、「高齢者ネ

ットワーク推進事業（愛の一声・友愛訪問事業）」というのがある。「一声」
「訪問」というのは先ほどあげた事例である。また、「防犯、消費者被害対
策、交通安全活動」という項目もあり、これは高齢者に限らず子どもの交
通安全や防犯も含まれるものの、やはり高齢者の安心・安全な生活を目的
とするところが大きい。特に昨今は高齢者を狙った詐欺や窃盗が増加する
中、同じ環境にある者たちで、情報の共有、日常の行動の点検等を行う意
義は大きいと思われる。

　また前者（健康づくり・介護予防活動の推進）は具体的項目として、「三
大スポーツ大会（ゲートボール、グラウンドゴルフ、ペタンク）、健康ウ
ォーキング活動、いきいきクラブ体操、体力測定」があげられており、こ
れは個人個人の健康維持・増進のための活動であるが、ひとりではなかな
か実践しにくいものを、みんなで集まってやることによってそれを可能に
するということでは、まさに相互支援である。これは共助でもあり、そし
て自発的、非営利的、公共的（社会的）活動ということでは、正真正銘の
ボランティア活動といえる。

　高齢者の当事者組織と言える老人クラブは、戦後の1946（昭和21）年
に千葉県八日市場町（現・匝瑳市＝そうさし）に作られ、1962（昭和37）
年には全国老人クラブ連合会が組織されている。地域によって加入率は差
が大きく、特に都市部を中心に加入しない人も多くなってきているようで
あるが、そしてそれは共助の弱体化と重なっていると思われるが、だから
こそ老人クラブの再構築と活性化が重要となるのではないか、ということ
である。その基本的組織が地域の老人クラブであるということでは、まさ
に共助活動である。全国老人クラブ連合会では「100万人会員増強運動」
を平成26～30年に展開したが、共助活動推進への挑戦である[2]。

　介護保険というれっきとした公助があり、それを軽視するものではない。
むしろ介護保険料も開始時に比べれば2倍以上になり、利用者の自己負担
も当初の1割から、所得によっては2割、3割となっており、また、入所

(1)　福岡県老人クラブ連合会のホームページ
(2)　全国老人クラブ連合会のホームページ

サービスでは食費をはじめとする生活費の徴収が行われるようになった現状をみるにつけ、40歳以上の国民の負担、そしてサービス利用の高齢者の負担が少しでも少なくなるように、他の事業に優先した国の重点事業として取り組まれることを願うものである。しかし、利用者数の増加、介護度の上昇を目の当たりにすると、公助のみに依存するには限界がある。そこで、地域に従来からあった老人クラブ等の活動をリニューアルした「新たな共助」が注目され、期待されるのである。そこで展開される活動は、前述したように相互扶助・共助活動であり、ボランティア活動である。また、老人クラブ会員どうしの助け合いだけでなく、組織に入っていない高齢者に老人クラブが呼びかけて、食事やカラオケの場を設定して孤立化を防いだり、楽しみ・喜びを提供したりする活動も、貴重なボランティア活動のひとつといえよう。

　老人クラブは、数十年前から存在しており、活発に活動がなされてきた。また、特にそういう組織はなくても高齢者を見守る活動などは、地域・集落で自然に行われていた。しかし地域のつながりが弱くなり、住環境も変わり、都市部を中心に高齢者の孤立化が問題となってきた。また、（若者がよく指摘されるが）高齢者も組織離れが進み、「加入するのが当たり前」という時代は終わり、老人クラブに加入しない人が増えてきた。地域によっては会員数が減少し、それに伴って役員のなり手がいないということも重なって、解散するクラブもある。そういう事情から、あらためて地域における高齢者の見守り活動や老人クラブの活性化と、行政によるそのてこ入れが重要になってきているといえる。つまり、もともとあったものが時代とともに弱体化したものだから、その復活、あるいは新たな組織化が挑まれ、それが新たな「ボランティア活動」ととらえられるということである。

(2) セルフヘルプグループ

　セルフヘルプグループとは、そのまま日本語に訳すると自助グループ（自助団体、自助組織）ということになるが、ここで「自助」というのは先に挙げた3つの助、すなわち自助、共助、公助の中の自助とは若干違ったものと解釈される。

　セルフヘルプグループは、アルコール依存症の人たちが、専門家（特に医師）対患者という形での指導・治療ではなく、同じ境遇にある者（当事者）どうしが、悩みを出し合ったり互いにもっている情報や生活の知恵を教え合ったりして、依存症克服を目指して自発的に集まったのが始まりといわれている。その後、薬物中毒者、ギャンブル依存者などにも拡がり、さらに人工透析患者やがん疾患などの患者会、ドメスティックバイオレンス被害者、身内を交通事故や自死で亡くした人たちの会（グリーフケア）、発達障害や不登校の子どもを持つ親の会などが次々に誕生している。依存症の関係では、家族も参加するケース、あるいは家族会という形のものも多い。

　また、これらのグループでは当事者間でピアカウンセリングやピアサポート活動などの相互支援を行っているのも特徴である。ピアサポート事業では認知症の当事者の取り組みも始まっている。大分県では2019年度にピアサポート事業を始め、研修を受けた当事者18人を「ピアサポーター」に任命し、大分市の通所施設「なでしこガーデンデイサービス」を拠点に、市町村や医療機関の依頼を受け、支援が必要な当事者をサポーターが訪問しているという[3]。

　一方で、障害者やその家族の会も戦後各方面で組織されてきた。戦後間もない1948年には日本盲人会連合（現「日本視覚障害者団体連合」）と全日本聾唖連盟（現「全日本ろうあ連盟」）が発足している。そのほか家族のセルフヘルプグループ（家族会）として、1952年に精神薄弱児育成会（別名「手をつなぐ親の会」、1995年に「全国手をつなぐ育成会」と改称、現「全国手をつなぐ育成会連合会」）、1961年に全国肢体不自由児父母の会連合会（現「全国肢体不自由児者父母の会連合会」）、1964年に全国重症心身障害児（者）を守る会、1965年に全国精神障害者家族会連合会（2007年に解散）、1967年に日本自閉症協会が設立されている。

　これらは親睦を含めて仲間意識を高め、情報の交換・共有を図り、福祉や教育をとりまく環境を充実させる活動を進めてきたが、家族や親戚を超

(3)　西日本新聞（2022.9.23）「ピアサポート事業　思い共有、支え合う」

えての同じ環境にあるものどうしによる、家族同然の相互支援活動である。血のつながりこそないが、それに匹敵するつながりをもつこの縁は、広い意味での自助（セルフヘルプ）、もしくは「新たな自助」ともいえる。

　同じ障害や何らかの同じ悩みを抱えた人たちの支え合う活動は、居住地域とは違うその当事者のコミュニティという観点でとらえれば、三つの助の中の共助に近いともいえるが、いずれにしてもこれらの活動は自発的、非営利的、社会的活動であり、グループ内の相互援助であり、ボランティア活動のひとつといってもいいだろう。実際、社会福祉協議会等の中で組織されているボランティア連絡協議会の中に、このようなセルフヘルプグループが含まれていることも珍しくない。そもそもボランティアは、自分たちの町は自分たちで守るという自警団から始まったということを思えば、このようなセルフヘルプ活動をボランティア活動と見なすのはごく自然なことである。

　ところで、前述したように、これらの団体は交流や情報交換を主たる事業としており、それによってまさにセルフヘルプ（自助）の機能をはたしているのであるが、昨今ネットによる情報取得手段の拡大により、組織に加入する必要性を感じないことや、組織に拘束されることを好まないなどで、加入者はなかなか増えない、もしくは減少しているようである。だからこそ、地域で、そして全国的なつながりで、「新たな助」が深まるよう、公的機関を中心に組織拡大に向けた支援が必要といえる。

　一方、このような悩みや困難を抱える人たちに対して、国家として公助を行うことはもちろん重要である。社会福祉のさらなる充実、これまで法的枠組みに入らないで放置されてきた人たちへの新たな支援施策と法的整備、隠れているニーズの掘り起こしなど、政府・行政の責務は大きい。しかし、法律や制度とは別の柔軟なかかわりや人間的なつながりは、また別なものとして必要である。それがセルフヘルプ活動であり、これもボランティア活動としてとらえ、公的支援を含めた社会的なサポートが望まれるところである。

　自助組織の活動に関しては、もうひとつの形のボランティア活動がある。例えば視覚障害者の団体が行動するとき、その移動や情報の獲得にハンデ

ィがある。それを支援する活動としては、ガイドヘルプや点訳、音訳、代読、代筆等の活動がある。聴覚障害者の団体の行動支援には、手話や要約筆記がある。いずれも障害者総合支援法に基づく同行援護事業や意思疎通支援事業として公助の制度はあり、それはしっかりと利用し、さらに利用しやすくなるようにすべきであるが、時間的なものとか緊急性の問題で利用できないときもある。そこは融通のきく共助（ボランティア活動）での対応ということになる。

(3) 災害時の助

　地震や風水害などの災害時には、まず消防署、自衛隊、自治体等のプロの人たちが救助や生活の支援に出動する。まさに公助である。もちろん親戚の人や被害が少なかった近くの人も駆けつけてくれる。自助、共助である。しかし、それだけではとても人手が足りない。そこではボランティアが大きな力となる。

　このボランティアは、老人クラブの活動（高齢者の共助活動）や同じ境遇のものどうしの助け合いであるセルフヘルプグループの活動（自助）でもなく、日常的な地域での助け合い（共助）でもなく、まさに最初は見も知らぬ人たちである。すなわち自助でもなく、共助でもなく、もちろん公助でもない「助」である。「第4の助」ともいえる。何の縁もなかった人が、災害の惨状を見て、いてもたってもいられず駆けつけるのである。被災者は知らない人だが、「義によって助太刀致す」ということである。時には社会福祉協議会やNPOが貸し切ったバスで行ったり、弁当が用意されたりすることはあっても、交通費、宿泊費、食事代等は自腹でいくことが基本である。もちろん報酬はない。現場では貴重な戦力となる。

　古くは濃尾地震（1891年）、関東大震災（1923年）、戦後では伊勢湾台風（1959年）などの大災害のときもボランティアが集まっていたのであり、災害時の助が新たな助というわけではない。特に、第5章第1節4で述べたように、関東大震災のとき東京帝国大学学生を中心に救援活動が展開され、後にセツルメントが組織されたのは特記すべきことである。しかし、今日ほどの情報網も発達していなかったし、現地での受け入れ体勢も整備

されていなかったので、そのボランティア数はそれほど多くはなかったかもしれない。それが阪神・淡路大震災以来、インターネット等で情報が入るようになり、社会福祉協議会の災害ボランティアセンター等が整備され、マスコミの報道により世間の注目を浴び、災害時のボランティア／ボランティア活動が大きくクローズアップされることになった。

　日本は地震国であるし、昔から地震の発生は多かった。ここ 20 数年の間にも、阪神・淡路大震災（1995 年）、東日本大震災（2011 年）、熊本地震（2016 年）、能登半島地震（2024 年）と大地震が続いている。またいつ大きな地震が起きるか分からない。そして、地球温暖化の影響もあって、過去になかったような記録的な大雨が降ったり大型台風が襲来している。災害ボランティアは今後もその存在意義は大きいといえる。

　ちなみに、全国社会福祉協議会資料より内閣府が作成した「防災ボランティア関係情報」によると、近年の災害時における災害ボランティアセンターを通して参加したボランティア数は、阪神・淡路大震災（1995 年）約 137.7 万人、新潟県中越地震（2004 年）約 9.5 万人、東日本大震災（2011 年）約 154.5 万人、熊本地震（2016 年）約 12.1 万人、平成 30 年 7 月豪雨（2018 年）約 26.5 万人、令和元年東日本台風（2019 年）約 19.7 万人となっている。災害ボランティアセンターを経由せず活動した人もいるので、実際はもっと多くの人が参集したはずである。

　今日では災害が発生した場合、行政はすぐ災害対策本部等を設置する。同じく社会福祉協議会は災害ボランティアセンターを立ち上げる。ボランティアを希望する場合、まずは現地（被災地）の社会福祉協議会のホームページ等で正確な情報を収集することである。その社会福祉協議会の災害ボランティアセンターの指示のもとで行動するのが最も無難であろう。スーパーボランティアと称された尾畠春夫さんのようなベテランになると個人で行動することもできるが、一般的には災害ボランティアセンターの指示のもとで組織的に行動すべきである。ただし、社会福祉協議会の災害ボランティアセンターは危険性のある活動は行わないので、屋根のブルーシート張りのような作業をしようと思ったら、別の組織での活動となる。なお、危険性のある作業に就く場合はもちろん、どんな活動であろうとボラ

ンティア保険には加入してから参加するべきである。その際、現地（被災地）の社会福祉協議会ではなく、事前に居住地の社会福祉協議会で加入手続きを済ませて現地入りすることになる。

　災害ボランティアといってもいろいろな活動がある。政府が「政府広報オンライン」で災害ボランティア活動として紹介しているのは、がれきの撤去・分別、泥だし、室内清掃、引っ越しの手伝い、炊き出し、災害ボランティアセンター運営のお手伝い、心のケアのお手伝い、イベントやサロン活動の支援である。一般的には、とくに災害発生後間もないころは、前半に示されているがれきの撤去・分別、泥だし、室内清掃、引っ越しの手伝い等が割り当てられるだろう。後半に示されている炊き出し、災害ボランティアセンター運営のお手伝い、心のケアのお手伝い、イベントやサロン活動の支援等は、特定の人に割り当てられるだろう。とくに、心のケアやイベント・サロン活動の支援はそれなりの経験がなければ簡単には担当できないものである。

　さて、そのような災害ボランティア活動が活発になるにつれて、それに関する書籍も昨今散見するようになった。その中には、ボランティア／ボランティア活動を評価的に称賛するもの、ボランティア活動の手引き書的なものももちろんあるが、災害ボランティアについての批判的なものもある。本書でも第4章第2節4で簡単に触れたが、ボランティア活動が被災地の人々の仕事を奪うことになるという問題はその代表的なものである。トイレットペーパーやタオルなどの日用品、調味料や保存食を中心とした食料品、さらには薬品等が支援物資として大量に送られてきて、復旧して営業を再開した商店の営業の妨害になる。物品だけでなく、大工、マッサージ、理美容等の技術的なボランティア活動も、その業界の営業に支障をきたす。介護やリハビリテーションの分野でも、被災当初での現地専門職の手不足の時には有力な支援となるが、ある程度復旧した段階では現地の事業所等としっかり連絡をとりあって、支援の継続が必要かどうか判断する必要がある。

　これらの問題も含めて、被災者の迷惑にならない、邪魔にならない、自立を妨げない、人権侵害にならないために、災害時のボランティア活動と

して守るべきルール、心構えをあらためて確認しておきたい。

　交通費、宿泊費、食事代は自己負担であるべきことは前述したが、さらに車で行くことは原則的には避けるべきであり、どうしても車で行かざるをえない場合でも、行政から委託された運送会社や災害ボランティアセンター関係の車輌が使用する駐車場の使用は避けるべきであり、有料の駐車場も被災地近くのものは被災者自身が使ったり被災者の親戚等が使うこともあるので遠慮したほうがいい。極力公共交通機関を使っての被災地入りが望ましいが、被災地は公共交通機関の便が良くない地域であることが多いので、そのあたりは現地の災害ボランティアセンターに相談するといい。

　自然災害における支援は、被災地に行っての支援とともに、後方支援といわれるものも重要な意義がある。義援金や物資の支援である。義援金はテレビ等で送付先は紹介されるので、そこに送金するのが無難である。時には怪しげな団体もあるので注意したい。問題は救援物資である。特にいつも問題になるのが古着である。新品の衣類であったらまだしも、いくら災害で洗濯もままならぬ状態とはいえ、他人が着た古着を好んで着る人がどれくらいいるだろうか。選ぶ人もおらず、結局段ボールに入ったままほとんどが保管され、最後は処分され、災害ボランティアセンターでは場所をとり、処分の費用もかかり、職員の仕事も増え、「古着支援は『第二の災害』」という声もある[4]。

　むしろ義援金にして、被災地の衣服店で新品の服を買ってもらえば、被災者にも衣服店にも良き支援となるのではないかと思う。古着だけでなく、使用済みのタオルとか毛布も（雑巾用としては別として）同様である。食料品は一応新品であり、インスタント食品などは役に立つかもしれないが、それぞれの好みがあるから提供には注意が必要なことは衣類と同じである。また、食料品は行政や災害ボランティアセンターから必要な量が支給されるところが多いと思われる。

　なかには医薬品の送付もあるらしい[5]。しかし医薬品は当然医療関係

(4) 丸山千夏 (2016)『ボランティアという病』宝島社　p.133
(5) 丸山千夏『前掲書』pp.39-42

者の手を通して供給すべきであって支援者が直接被災者に渡すものではないし、災害ボランティアセンターに送付したとしてもセンターの職員も戸惑うだろう。医薬品は被災地の医療機関が適切に補給するはずである。薬局で買えるものであっても、素人が送付するのは避けたい。

　義援金が直接的な後方支援だとすれば、間接的な支援として、被災地の名産品等を自分の住んでいる所で物産展を立ち上げて販売するというものもある。義援金はただ送金すればすむことであるが、物産展はちょっと手間がかかり、誰でもというわけにはいかないが、被災地の方の日常の仕事の励みになり、いい自立支援となると思われる[6]。

　前述したように「ボランティアが被災地の営業の邪魔になることがある」ということはよくいわれることである。それは被災地の人の本来の仕事をボランティアが無料でやってしまうので、復旧が一段落したあと被災地の人の本来の仕事による収入がなくなるということであるが、それとは別（逆）に、被災者の経済的支援として、被災で仕事を失った地元の人を行政が雇用して、復旧作業の仕事を与えて欲しいという現地の声もあるという[7]。もしそれが可能ならば、ボランティアはそれへの配慮が必要ということになる。

　また、第4章第1節2で、過剰な支援の問題を論じたが、ここでは主として障害者に対する支援での問題についてであった。同様なことは被災地での支援でもいえる。被災者を過保護にする「支援漬け」「ボランティア漬け」という問題も指摘されている[8]。時には、過剰な支援が被災者の依存を強め、その依存にボランティア自身が自分の存在価値を見いだして満足するという「共依存症」といわれる状態になってしまっているということも起こりうる[9]。障害者相手であろうと被災者相手であろうと、中途半端ではなくしっかりかかわることは重要であるが、過剰にならないた

(6)　笠虎崇（2012）『検証・新ボランティア元年』共栄書房　p. 110
(7)　笠虎崇『前掲書』p. 10
(8)　笠虎崇『前掲書』p. 154
(9)　笠虎崇『前掲書』p. 157

めのその境界線を考えることも大事である。

　最後に、被災地から帰って、何らかの形で報告することがあるかもしれない。学校や会社から組織として参加した場合はそれが必要になることもある。また、個人で行ったとしても、自分の経験を友人や知り合いに話したいという思いになるのも自然なことである。マスコミ等で情報は流れているものの、現地の実状を生の声で知らせることは意味があるだろう。ただし、被災者のプライバシー保護については十分な注意が必要である。被害の状況や復旧の様子を具体的に話すのはよしとしても、被災者の個人的なことについては言及を避けたい。

　また、報告書等に被災状況の写真を載せることについては、マスコミ等でもやっていることではあるが、個人の家が特定される写真は載せないほうがいいだろう。ボランティアの家が被災地から遙か遠いところであって特定されないと思われる場合でも、自分の家が崩壊したり泥だらけになっているのを（写真であっても）他人に見られるのはいい気はしないだろうと思う。スマホ等で撮って見せる場合も同じである。また、作業をおこなった家の家族の方との写真を撮ることもあるかもしれないが、それを他者に見せることについては必ずその方の了承を得てからにしたい。ボランティアだけで記念に写真を撮って、それを報告書等に記載するのはかまわないと思うが、観光旅行の記念写真ではないことには十分に気をつけたい。

　以上、高齢者の共助活動、障害者をめぐる活動（セルフヘルプ活動、障害当事者団体活動、支援活動）、災害時のボランティア活動をみてきたが、いずれも公助を基本と（すべきと）しながらも、社会状況の変化（3助の後退）という中で、それでは足りないものを自助、共助、新たな助で補うものとしてボランティア活動があり、その意義、重要性が益々大きくなってきていることを確認しておきたい。

第2節　ボランティアの先駆性

1．穴埋め批判論

　助を求めている人に対して、現代国家であるならばまずは公助を提供すべきであることは繰り返し述べてきた。しかし、これも繰り返し述べてきたが、公助は税金でまかなうものであるから、無制限に財源を投じることはできない。事業実施には法的根拠が必要である。また、成果が確実に見込まれなければ簡単には実施に踏み込めない。さらに、すべての人に対して平等にサービスを提供しなければならない。

　そこでこの公助の制約に縛られない助が求められる。それに応えるのがボランティア活動である。行政ができない場合、言い換えれば公助が届かない場合はボランティア活動で、ということである。それを、ひとまずは「補完性」といっておこう。行政ができないことをボランティアが埋め合わせるということである。

　税金を使わないボランティア活動であれば、公助のような義務／制約を負う必要はない。私費でやるのであるから、たとえ成果がなかったとしても批判されることはない。法的根拠も必要ない。サービスを提供したい人に提供すればいい。必ずしも「平等」でなくてもいい。時間的に、あるいは財政的に、やれる範囲でやればいい。もちろんそれが対象者に対して迷惑なことであったり、一方的な押しつけであったり、上から目線のパターナリズム的であったりでは困る。そのことは第4章で述べたので、ここではそのことを踏まえた上での話である。

　これに関連して、かつて「穴埋め批判」論が唱えられた。行政がやるべきこと、できることを、なぜボランティアがやるのか。ボランティア活動は行政の穴埋めをやっており、それは行政の怠慢を助長するだけである。本来行政が、すなわち公助としてやるべきものをボランティアがやってくれるので、行政はそれに甘えてしまっている。ボランティアがやっていることは行政にさせるべきだ。そのために我々は税金を納めているのだ。等々

の意見である。特に学生運動や反体制運動が活発なころはボランティア批判も強かったし、今もないことはない。

　確かにそのことは否定できない面がある。ボランティアは活動する前に、あるいは活動の中で、そして活動が終わってから、必ず考えるべきことである。行政ができることではないか、行政がやるべきことではないかと。

2．先駆的役割

　ところで、行政が「やるべきこと」と「できること」は同じではない。前節でも本節の1でも述べたように、公助（国家・行政のサービス）は税を用いて実践するものであるから、それなりの制約があった。だから「やるべき」かもしれないが「できない」「やれない」ものもある。そこで「ボランティア活動で」ということになるわけであるが、行政が「やらない」のではなく、「やれない」ことをボランティアが代わりにやるのは「穴埋め」とは違う。

　しかしここで重要なことは、この穴埋めは行政が「やれない」とき（だけ）に行うものであって、「やれる」ようになったらボランティアは手を引いて、あとは行政（公助）にゆだねるべきだ、ということである。また、行政が「やれる」ような状況になったら、「やる」ように働きかけをすべきである。さらに言えば、行政がやれるようになるようサポートする（仕向ける）ことである。

　実際、かつてはボランティア活動であったものが、現在は公的サービス（公助）になっているものは少なくない。今日では公的サービスの代表的なものになっているホームヘルプサービスの起源は、1956年に始まった長野県家庭養護婦派遣事業や1958年の大阪市臨時家政婦派遣事業であるといわれているが、これらは自治体が制度化して事業に取り組んだとはいえ、「養護婦」や「家政婦」に対する待遇は、今日の介護職とは違ってきわめて低賃金であった。それが1963年に制定された老人福祉法において「老人家庭奉仕員派遣事業」として制度化され、待遇は改善されたが、まさに「奉仕員」との名称が示すように、半ばボランティア的であったと思

われる。しかしそれらの業績の積み重ねが2000年の介護保険制度につながり、さらに高齢者だけでなくその後の障害者福祉分野にも拡がり、ホームヘルプサービス事業は正式な公的事業となった。

　同様に、今日では障害者総合支援法の「意思疎通支援事業」として実施されている聴覚障害者のための手話通訳や要約筆記は、その出発点はボランティアによる活動であった。それがその活動の蓄積により今日では手話通訳士を中心に、自治体が雇用した専門家を派遣する公的サービスとなった。また、視覚障害者の移動（外出）を支援する活動も、1974年に身体障害者地域福祉活動促進事業として「盲人ガイドヘルパー派遣事業」が始まったものの、ほとんど拡がることはなかったが、ボランティアによるガイドヘルプ活動として1970年代ごろから全国各地で始まり、2003年4月の障害者支援費制度の設立を機に、移動介護、移動支援、同行援護と名称を変え、内容を充実させながら、今日では公的サービスとして定着してきた。肢体不自由者や知的障害者に対するガイドヘルプ活動も、障害者自立支援法の発足・拡充、障害者者総合支援法への改正の中で、ボランティア活動から移動支援事業という公的サービスとなった。

　視覚障害者の情報取得のための支援は、点訳活動や音訳（朗読）活動として明治の時代から取り組まれてきたが、これらはまさに奉仕活動／ボランティア活動の代表のようなものであった。「点訳・音訳＝ボランティア」というイメージがあったが、今日ではそれはそれとして存在するものの、点字図書館（視覚障害者情報提供施設）での点字提供、公共図書館での音訳サービスなどが、公的サービスとして提供されている。

　ボランティア活動から公的サービス（公助）に移行することは、制度の安定化（利用の安定化＝確実に利用できる）という利点とともに、サービス提供者の力量の増加にもつながる。前述したサービスでも公的サービスになることに並行して、介護福祉士、手話通訳士、同行援護従業者、点字技能師等の資格制度が整備されてきた。ボランティアであったら資格に関係なくかかわれるが、公的サービスになるとサービス提供者は原則として資格を必要とする。それによって利用者は、より的確なサービスを受けることができる。もちろんボランティアでも資格を持った人、資格はなくて

も技術の高い人は存在する。しかし平均的にいうと公的サービスのほうが
より高いことは間違いない。そうでなければ時間と費用を使い、研修を積
んで得るこれらの資格制度は意味がないことになる。

　このように当初ボランティアで始まった介護や各種支援は、それぞれそ
の実績を積んで、ある時期から公的サービスになった。あるいはボランテ
ィア活動と並行して公的サービスとしても提供されるようになった。まず
はボランティア活動としてやってみる。そしてその活動の意義が確認され、
定着し、レールが敷かれたところで公的サービスに移行する。ここにボラ
ンティア活動の意義がある。それは当初は補完的活動（穴埋め）であった
かもしれないが、最終的には明らかに穴埋めとは異なる意義をもったもの
（活動）になった。このようなボランティア活動の性格を通常「先駆性」
と呼んでいる。あるいは「開拓性」ともいわれている。自発性、無償制（非
営利性）、公共性（社会性）というボランティアの3原則にこの先駆性（開
拓性）を加えて、ボランティアの4原則という関係者も多い。

　このような先駆的活動（開拓的活動）は、公的機関はもちろん、これま
で誰もやっていないことを行うのだから苦労も多いだろう。前例がないか
ら試行錯誤ということになるかもしれない。しかし、公助という制約から
公的機関ではやれないことをやる意義はきわめて大きい。だからこそやり
がいもあるし、まさにパイオニアとしてのボランティア活動の醍醐味とも
いえよう。

　この先駆的活動（開拓的活動）は行政がやっていないことであるから、
別な視点でみると補完的活動でもある。行政はその必要性は分かっていて
も、財政、法的根拠、成果の可能性等で実施に踏み切れないところをボラ
ンティアがやってくれれば助かる。そこで考えなければならないのは、行
政（公助）がまだやっていないことをボランティアが始めて、うまく軌道
に乗ったとして、それに安住してボランティアが恒久的に続けることには
注意を払うべきだということである。むしろ、「先駆」とは「まず手がける」
ことであって、ある程度定着したら先駆的役割を終えて、行政の事業（公
的サービス）に移行させる方向に舵取りをすることである。その際、当然
なことであるが、その事業のノウハウや留意点などはきちんと公的事業に

引き継ぐことが重要である。かかわった人たちは、ボランティアからそのまま有給になる（プロになる）ことは十分にあり得る。

3. 先駆性の実態―ボランティアの引き際

　ボランティアの3原則に加えてもいい（4原則にする）と思われる先駆性（先駆的役割）であるが、その実態は必ずしもここで述べたようにはなっていないこともある。例えば、自治体の広報の点訳がそうである。行政は、市政だよりや町政だよりを出しているが、自治体からの知らせは障害の有無にかかわらず誰もが平等に知る権利があり、行政は障害のある人にも分かるように広報する義務がある。従って、視覚障害者にも分かるよう、普通の文字（活字版）以外の方法で提供するのは行政の義務といえる。

　現在、点字図書館や点字出版を行なっている事業所に委託して、広報の点字版を発行している市町村も少なからずある。点字図書館や点字出版事業所は点字技能師等のプロの点訳者がいるし、点訳の正確さや文面構成の的確さは十分に担保されているといえる。また、この場合その作業は有料であるから、これによって点字図書館や点字出版事業所は事業収入が得られるので、事業体の運営にもプラスになる。さらに、視覚障害者の就労にもつながる。

　ところが、市町村によっては、経費の関係からか、点字図書館や点字出版事業所には委託せず、地域の点訳ボランティアに依頼しているところが少なくない。その場合、点字用紙代程度の実費負担はあるとしても、基本的には無報酬での依頼である。報酬があっても若干のお礼程度である。まさに、本来行政が行うべきことをボランティアが穴埋めしているわけである。例えば、すぐには事業所等と契約が結べず、とりあえずボランティアに依頼して発行し、やがてはプロに委託することが約束されているならば、それはやむを得ないし、そのときこそボランティアの出番であるが、ボランティアに任せっぱなしではやはり問題が大きい。ボランティア側も無条件に引き受けるのではなく、行政から点訳の依頼があった場合、本来ならば専門の事業所に委託すべきことを伝え、それが実現するまでの一時的な

活動として引き受けるのが、ボランティアとしてのあるべき姿ではないか
と思う。

　このことは、広報の点訳だけでなく、音訳（音声化）についても同様で
ある。点字が読めない視覚障害者には音訳された広報（テープやCD）が
必要であるが、この場合も音訳ボランティアに頼らず、それを事業として
いるプロに委託するのが筋ではないか。広報の点訳も音訳も、ボランティ
ア依存からはやく脱却して、行政からの委託（契約）を受けた専門事業所
による点訳・音訳が基本になることを期待したい。

　再度繰り返すが、ボランティアはまず行政の手が届かないところに手を
つける。とりあえず求められているニーズに対して、先駆的・開拓的に応
える。それをやりながら実績を作り、それを根拠にあとはその活動（事業）
を行政（専門事業所への委託を含めて）が引き受ける。そしてボランティ
アは新たに次の活動に入る。行政は一定の実績と見通しができていればそ
の事業を始めやすい。「自由のきくボランティアが始め、確実性のある行
政が引き継ぐ」という関係である。あるときは補完性（補完的役割）があ
ってもいいが、それは先駆性・開拓性を伴う（行政に引き継ぐことを条件
とする）補完的役割でなければならないのではないかと思う。

　しかし、不足している部分に対して、あくまでも開拓意識をもって先駆
的にボランティア活動を始めたものでも、それが軌道に乗っていくうちに
初心が忘れ去られ、恒久的になってしまってはいないか。あるいは、自分
たちの活動を「守り続ける」ことに生きがいを感じてしまってはいないか。
そのことを今一度検証してみる必要があるように思われる。

4．民間事業者の場合の対応－合理的配慮の義務化

　なお、ここで批判しているのは、行政機関が出しているお知らせや広報
の点字化等のボランティア依存についてである。では民間事業者の場合は
どうなのか。例えば、視覚障害者から、企業が商品に添えている取扱説明
書の点訳を（合理的配慮として）要求された場合は、どう対応する事が考
えられるか。社内に点訳ができる人がいて、内部で処理できればベストで

あるが、なかなかそうもいかないだろう。最近は自動点訳ソフトもかなりいいものが出ているが、まだ人名・地名等の点字化には万全ではないし、図があったり、写真があったりしたら、点訳の経験がない人には難しいと思われる。しかも、印刷には点字プリンターが必要である。

　そこでボランティア（団体）に点訳を依頼するとしよう。そのとき、ボランティアはどう対応すべきか。特に、それを有料でするか無料でするかである。利用者の利便を考えて無料で、まさに「ボランティア活動」としてやってくれる人もいるだろう。合理的配慮がいわれるようになる前は、視覚障害者は商品を購入したあと、企業に要求することよりも、地域の点訳団体等に依頼することが普通だったように思う。しかし、合理的配慮は当初、行政機関は義務であったものの民間事業者は努力義務であったが、2021年5月の障害者差別解消法の改正により、2024年4月1日から民間事業者も義務となった。とすれば、（もちろん「過重な負担」にならない範囲で）民間事業者も、当事者から要求があれば、企業としてきちんと提供すべきである。そこでボランティアの出番が出てくるかもしれない。もし、ボランティア団体（点訳団体）に依頼するとしたら、点字図書館や点字出版所に支払う金額に準じて料金を支払うべきである。

　一方、視覚障害者団体とか視覚障害者を会員に含む障害者団体から、活字の読みができない人への対応として会議資料や会報の点訳・音訳を依頼された場合は、どう考えるか。この場合は国民の税でまかなわれる行政機関でもなく、営利を目的とする民間事業者でもないので、依頼された人・団体が無償で引き受けるのは、前述のケースとは異なる。点訳なり音訳なりの提供はきわめて自然な行為である。さらに、このあとの第4節で述べる「連帯的運動」としてのボランティア活動のひとつの姿といえる。

第3節　不平等をなくす活動

1. 平等化活動

　ボランティア活動の多くは、さまざまな困難に直面している人や不平等な事態にある人に対する活動である。障害を負っている、高齢である、難しい病気を抱えている、経済的困窮状態にある、自然災害に見舞われた、衛生環境がよくない、地域が衰退している、発展途上の状態にある等に対して、その困難をなくす／少なくする、不平等状態をなくす／緩和するための活動である。困難がより少ない人による、困難の多い人のその困難を減らそうという活動であるし、世の中の不公平を減らし平等化していこうという行為である、といえる。すなわちボランティア活動とは平等化活動である。

　例えば、高齢者に対する支援活動は、加齢によって自力でできることが減少した人に対して、まだできることがより多く残されている人が手助けをして、生活の質の平等化（できることが減少した人の生活の質を、少しでもできる人に近づけること）を目指すものである。手話通訳や点訳は、コミュニケーション手段にハンディを持つ人に対して、そのハンディを少なくして、コミュニケーションの拡大によって情報獲得の平等化を図る（健常者との差をなくす／少なくする）ものである。ガイドヘルプ活動は、視覚や肢体の障害によって移動に制約を受ける人に対して、その制約を少なくし、移動を平等化するための活動である。

　歳末助け合い運動や街頭での募金活動は、貧困者（家庭）や何らかの困りごとをもつ人たちに対して、生活の保障や困りごとを解決するために必要な資金面の支援をして、生活の安寧を確保し、他者（一般市民）との生活の平等化を達成するための活動である。発展途上国への経済的・物質的支援は、先進国と途上国の格差を少なくする（平等化する）ための活動である。自然災害の時のボランティア活動は、被災地での物的・金銭的・人的不足を、非被災地の物的・金銭的・人的資源で埋め合わせをして、被災

地の人々の生活を元に戻す（非被災地の生活と同等にする）活動である。環境保全活動は、究極はすべての生物の恒久的な生存（生命維持、生活の質の維持）のための活動であるが、当面の意義は、環境の破壊によって生活が脅かされている人たち（生物）や、未来の地球の担い手である子ども達の生活を、現在や過去と同等にするための活動である。地域の活性化活動（町おこし）は、さまざまな事情で取り残されている地域を、活性化（発展）している地域と差異がなくなるようにする活動である。

　すなわち、ボランティア活動は、物的・金銭的・人的資源を、多い方から少ないほうへ移動させる、あるいは生活のしやすさを平等化するものである。富や行動力や生活の質の個人差（でこぼこ）を減らす／なくす活動ともいえる。その際、金銭・物品の支援（提供）は、支援を受ける側の資源が増える分、提供する側（支援側）の資源はいくらか減少するが、それ以外は受ける側の不便さや困りごとは減少するものの、提供する側のそれは基本的には変わらない。例えば、介護、手話通訳、ガイドヘルプ等で、支援者は時間的な消費はあっても、経済的・物質的な消費は基本的にはない。

　このでこぼこを減らす（差異を小さくする）取り組みということでは、社会保障／社会福祉もそうである。それらは税金や社会保険料でまかなわれるが、税金も保険料も高額所得者からは多く徴収し、低額所得者からは少なく徴収する（ただし消費税等の逆進税は所得に関係なく同率の計算で徴収される）。そして給付は定められた制度に基づいて、より困窮している人（貧困、重度障害等）に多く与えられる。他方、ボランティア活動は、国民の義務である税金や保険料とは違って、すべて活動者の意思と行動で行われる。そして社会保障／社会福祉の給付にあたるものは、ボランティア個人の意思で決まる。それは、「より困っている人に」という支援の原則みたいなものに反することもあるかもしれないが、逆な見方をすれば、そのことによって柔軟に手早くできるという利点もあるといえる。

　このようにボランティア活動は、社会保障／社会福祉同様、世の中のでこぼこ（不均等・不平等）をなくす活動であり、不利益を受けている人たちのそれを回復するための運動であり、いわば不均等・不平等を均等化・平等化する装置である。

2．不平等や困りごとの社会的背景

　ここで考えなければならないのは、先ほどの「穴埋め批判論」につながるものであるが、不均衡・不平等を是正することがまずは何よりも必要ではあるものの、その不均衡・不平等の実態、とくにその原因・背景に目を向けてみる必要があるのではないかということである。つまり、そのような世の中の不条理がなぜ生じているかを考えることなく、それを是認もしくは黙認して、その不条理を解消しようという活動は、穴埋めと同じだと批判されうるのではないか、この活動を「でこぼこをなくす」活動と表現したが、まさに「ぼこ」の部分を埋める活動であるから、文字通り「穴埋め」をしていることになるのではないか、という批判である。

　そのことは心に留めておく必要がある。すなわち、なぜ障害者の移動支援やコミュニケーション支援が必要なのか、なぜ歳末助け合いの募金活動をしなければならないのか、なぜ環境保護活動が必要なのか、それを考えることである。とくに、不平等の状態にある人のその不平等は、本人の責任によるものではなく社会的な関係で生じているのではないか、本人に起因するのではなく社会の側に原因があるのではないか、社会が一部の人の不平等を作り出しているのではないか、という視点での検証が必要である。

　例えば、車いすユーザーや視覚障害者が移動支援（ガイドヘルプ）を必要とするのは、街の構造が健常者中心に作られていて、（点字ブロックや音響信号機等の未整備も含めて）障害者の単独歩行を困難にしている物理的バリア（社会的障壁）がたくさんあるからであり、障壁がなくなり、障害者が行動しやすい環境になれば不都合は減り、ボランティアの必要性は低減するのである。

　聴覚障害者が困るのは、社会が聞こえる人（健聴者）中心に動いていて、病院や駅構内、あるいは避難所で音声だけの案内しかなく、電光掲示板（文字）やピクトグラム（絵文字）等による提示がなされていないからではないか。手話通訳があればその不便さは軽減するが、手話通訳者は公的機関内や講演会等ではそれなりに配置されるようになったものの、それ以外での配置はほとんど見られず、ましてや手話が分からない聴覚障害者も多い。

手話や文字・絵文字等の情報の多様化が進めば聴覚障害者の不都合・不便さは軽減するはずである。

　すなわち、車いすユーザーや視覚障害者、あるいは聴覚障害者の不便さは、障害者に配慮がなされていない社会の構造、社会の意識によるものではないか、ということである。もちろん、バリアを完全になくすることは不可能であるし、情報提供の多様化にも限度がある。しかし、物理的バリアや情報のバリア（社会的障壁）が低減することによって障害者のガイドヘルパーや手話通訳への依存が減り、自由に街に出やすくなり、生活が豊かになることは間違いない。障害者が生活の中で、とくに外出する時に不便さ・不平等を受けるのは、本人の障害（機能障害）にもよるが、社会の無作為、無理解によって、行動しにくい被差別の状態が作り出されているからである。

　ホームレスの人たちへの支援は、人権の擁護や生活の安寧はもちろん、生命にかかわる課題であり、その支援を通して、彼／彼女らがどうしてホームレスという状況に至ったのか、そこにはその人の個人的要因や家庭的事情もあるかもしれないが、そういう環境になるにはそれなりの社会的要因も存在するはずである。競争社会の中にあって、生活が保障される仕事にありつけない、生活保護を受けるに至らない、生活保護を申請できない何らかの事情、そういった社会的背景があっての今の境遇であることを、この支援にかかわって学ぶことになるであろう。

　歳末助け合いとかいう活動も、本来社会福祉・社会保障が満たされておれば必要ないものであるが、それが十分でないからこういう活動が必要になってくる。そもそも社会福祉・社会保障という施策が行われなければならないのも、世の中に貧富の差（経済的格差）があるからであり、その格差は資本主義社会における競争原理から生じるものである。まさに社会的な問題である。これに対して社会福祉・社会保障という税による救済があるわけだが、税による救済にも限度がある。そこで国民の篤志による経済的支援をしてもらおうということで助け合い運動が行われる。それを否定するものではないが、募金等の助け合い運動が行われなければならないのは社会的な問題である。

　高齢者の、とくに一人暮らしの高齢者の見守り活動が意図的に行われなければならない事情も社会的な要素が少なくない。以前は地域において自然に行われていたそのような活動は、近年、とくに都市部では、「個の尊重」の裏返しとして、他者への干渉や介入はタブー視化されるようになってきている。それは防犯の問題や近年の建物の構造の関係もあるし、人とのつきあいが苦手であったり面倒と感じる人たちが多くなったということもあるかもしれない。町内会や地域の老人クラブに加入しない人も増えてきている。

　このようなコミュニティの弱体化、空洞化という社会的問題が深刻化する中で、あらためて見守り活動が必要となっているのである。「個の尊重」は必要であるが、それを侵さない範囲でのかかわり合いもまた必要であろう。大変困難なことであることは言うまでもないが、日常的な近隣・地域でのかかわり合いを増やし、コミュニティ（地域社会）の活性化、再生という社会的・政治的課題の克服に向けた取り組みによって、あえて「見守り活動」とか言わなくても、自然な形での見守りが行われ、高齢者の孤立化を防ぐことにつながると思われる。

　水害はたまたまそこに雨が集中したという気象上の要因が大きいことは間違いないが、ところによっては何回も被害を受ける地域もある。水をうまくコントロールできていないという行政（防災）上の課題もあるかもしれないし、山林などの無計画・無謀な開発が洪水の原因となっていることもある。自然の仕組みを無視した人間の作為が災害の一因になっている面もある。つまり水害も社会的な要因が絡んでいるのではないかということである。

　昨今、過去になかったような大きな被害を被る自然災害が多発しているが、それによる被害が大きいのは発展途上国や貧困層が生活している地域であるといわれる。それらの国や地域では建物が古かったり脆弱であったり、居住地が低地や傾斜地であったりで、家屋等の被害が大きいのである。富裕層は温暖化が進んで暑くなっても大雨になっても、頑丈な住宅で冷房を効かせて快適に安全に過ごせる一方、貧困層は酷暑に苦しみ、家が崩壊したり流されたりする。しかもその災害の一因といわれる地球温暖化の元

凶である二酸化炭素は先進国や富裕層からの放出が圧倒的に多く、途上国や貧困層からは極めて少ない。災害の元を作っているのは先進国、富裕層であるのに、被害を大きく受けるのは途上国、貧困層という構図である。災害時の直接的（現地でのボランティア活動）・間接的（募金等の後方支援）な救援活動はもちろん重要であるが、自然災害も社会的なものが絡んでいることを自覚した上で行いたい。

　障害者、高齢者、ホームレスの人への支援、募金活動、災害時の救援活動について、それらの支援を必要とする背景を考える必要性を述べてきたが、背景を考えたところで支援が必要でなくなることはあり得ない。また、社会的な背景等に関係なく起こる事象もあるかもしれない。むしろそのようなものが多いだろう。しかし、このボランティア活動を必要とする不均衡・不平等の事象には、もしかしたら個人の事情だけではなく、社会的背景（環境要因）があるのではないかと考えてみて、それが感じられたら、活動は活動として行い、それによってその不均衡・不平等を是正したうえで、それをきっかけに、その社会的な要因（背景・原因）に目を向け、さらにできることならばその要因を除去する活動へとつなげていくことが穴埋め批判論への答えとなるであろう。

第4節　当事者との連帯的運動

1．連帯的運動

　ボランティア活動にはそれを行う側と受ける側がある。平等化（でこぼこの解消）でいうと、一般的には不利な状態にあるほう（凹）が受ける側である。そして、不平等を減らすためには、有利なほう（凸）が物的・経済的・人的支援をする。自然災害の場合、被災地に物品を届ける、義援金を送る、復旧作業に携わるということである。発展途上国に医薬品や衣類を送る、歳末の助け合い運動に募金する、手話通訳やガイドヘルプ活動を行うことなどもそれに相当する。

　また、不平等を解消するために法律を変えたり制度を改めたりする運動が行われたり、そのために行政と交渉したりすることもある。それは通常不利益を受けている人たちが行う。例えば、障害者団体が福祉制度改革のための署名活動をして、それを政府に提出して要請する。高齢者団体が年金の削減反対の請願を行う。子ども会活動をしている親たちが、活動支援のための助成金を行政に陳情する。子ども食堂運営のための補助金を申請する。

　これらの活動に対して、当事者ではない第三者が支援することもある。趣旨に賛同して署名する。署名は当事者でなくても、非当事者がその趣旨に賛同するという意思を示すことによって効力が加わる。あるいは、活動支援のための金銭的な支援（カンパ、寄付）を行う。財政的に余裕がなくて活動が思い通りにはいかない時の、心強い支援になるだろう。また、当事者の中には、視覚や肢体の障害により移動困難な人たちが含まれることもあるだろうから、その人たちの活動のための移動の支援を行う。あるいは上肢や視覚の障害のため書くことができない人のために、要望書等の書字の支援を行う。

　このように困難を抱えた人たちへの直接的な支援だけでなく、その人たちの不平等解消のための活動に対する署名・カンパ・寄付・補助行動等の

支援（後方支援）もボランティア活動のひとつといえる。上記のように、困難を抱えている人たちは移動や書字の行動に障害が伴う人もいるし、このような運動に不慣れな人も多いかもしれない。従ってそれをカバーすべく支援は極めて意味のある支援であり、重要な支援である。それは単に経済的・時間的・物理的な支援にとどまらず、当事者への心理的な支援にもなるであろう。

　これは不平等解消のための運動や、その支えとなっている親睦活動等を行っている当事者と、その趣旨に賛同してともに行動をとろうとする人たちの連帯である。つまり、ボランティア活動は、困難や不利を抱えた人たちと、それをサポートしようという人たちの連帯的運動の側面があり、この連帯性（連帯的役割）というもうひとつの意義がボランティア活動にはあるといえよう。

2．ボランティア活動における対等性

　ここで留意すべきことは、非当事者がどこまで踏み込むかである。よかれと思って当事者以上に行動的になったり、その組織を主導的に引っ張ったりするようなことは避けるべきである。当事者が中心で、ボランティアは補助的というのが基本であって、非当事者が中心的存在にはならぬよう気をつけたい。

　そもそもボランティア活動の中では支援者（ボランティア）と被支援者（当事者）は対等である（べきである）。ボランティア活動の対等性とでもいう原則である。移動の介助支援をする人はその支援を受ける人と対等であり、被災地にボランティアに来た人は被災者と対等であり、寄付をした人は寄付を受けた人と対等であり、援助を受ける発展途上国の人は援助を行う先進国の人と対等である。支援者と支援を受ける人の間に上下関係・主従関係はなく、両者は対等である。

　ボランティアの3原則（自発性、非営利性、公共性）、あるいは4原則（3原則プラス先駆性）に加えて対等性というのもあってしかるべきだろう。ボランティア活動全般にいえることであるが、特に連帯的運動の場合は、

その原則はしっかりと意識して取り組むべきである。

　ボランティア活動とよく似たものに慈善事業と呼ばれるものがある。自発的で、無償で、それが社会的に肯定／評価されるものという点ではボランティア活動と同じである。しかし、（慈善事業と銘打ってやっている人たちはそうでもないかもしれないが）一般的には、慈善事業はボランティア活動とやや違ったとらえ方がされているようである。『広辞苑(第七版)』では、慈善事業は「宗教的・道徳的動機に基づいて、病人・老弱者・罹災者・貧者の救済などのために行われる社会事業。」となっており、「慈善」だけの項をみると「①あわれみいつくしむこと。情けをかけること。②特に、不幸・災害にあって困っている人などを援助すること。」と説明されている。これからも、慈善活動はどうしても「あわれみ」「情け」「救済」「道徳的」などのイメージがつく。また、一方が他方に「与える」「助ける」「持てる者が持たざる者へ施す行為」という印象も感じられる。

　欧米ではノブレス・オブリージュ（高貴な者の義務、身分の高い人の社会的責任）という言葉がある。貴族や上流階級などの裕福で地位のある者は、それ相応の社会的責任や義務を負うという道徳観で、典型的なものとしてイギリス王室の慈善活動やアメリカの富豪の寄付行為がそれにあたる。これは富める者がその富を、そうでない者に与える義務を意味するものといえる。もちろんその行為は否定されるものではなく、あまりそれが浸透していない日本は学ぶべきものがあるかもしれない。しかし、このような行為（慈善事業、ノブレス・オブリージュ）には、対等性、連帯性というものがイメージされにくい。富の不平等を是正するということでは意味あることであると思うが、このうえにさらに、施す人たちに対して対等の意識と連帯の気持ちが加わってくれば、ここで述べているボランティアの対等性と連帯性（連帯的役割）をもった事業になるといえよう。

　なお活動の内容によっては、なかなか「連帯」という形にはなりにくいものもあるかもしれない。ベルマーク収集や歳末助け合い募金等では、それを提供するだけの人にとっては、連帯といっても対象が抽象的・不特定であるし、今日のパソコン点訳では、手打ちの時代と違って何冊でも複製できるので、誰が読むかはあまり特定できない状況であり、どうすること

が連帯かは説明も難しい。しかし、このような場合でもただ単に慈善的に金銭や労力を提供するというのではなく、社会の中にある経済面や情報面でのでこぼこ（不均等、不平等）を少しでも減らして、平等な社会を築こうということに視点をおいて活動することが、結果的にはその人たちとの連帯になるという解釈もできよう。目には見えない、誰であるかは分からないでも、募金とか点訳とかの行動を通して、その見えざる人たちと「つながる」のである。

第5節　伴走型ボランティア

1．伴走型支援

　福岡県北九州市を中心に、主としてホームレス支援、生活困窮者支援を、NPO法人抱樸（ほうぼく）を拠点に展開している奥田知志氏は、その支援を「伴走型支援」と称して活動を進めてきた。奥田・原田編『伴走型支援』からその活動をみてみよう [(10)]。

　抱樸の活動はホームレスの人たちへの炊き出しから始まった。食べることもままならない路上の人に食料を配ること（食の提供）を通して、「いのちを守る」のが基本であるが、食事は週に一度提供する程度であり、むしろそれを通してのその人たちとの「つながり」を提供しているという（同書 p.7）。「つながり」が重要であることの事例が紹介されている。路上生活者の困窮は「家がないこと」と「仕事（お金）がないこと」ととらえて、居住支援と就労支援を行った結果、ホームレス状態から抜け出し、自立したかに思えた人が、アパート暮らしという「自立」によって、他者と接することがなくなり、社会とのつながりが切れてしまい、自立が「孤立」に至ったという。

　奥田氏は、「伴走型支援は、深刻化する『社会的孤立』に対応するために『つながり続けること』を目的とした支援」であり、「必ずしも『問題解決』を前提とはしていません。『問題を抱えながらもどっこい生きている』、そのために必要なこととして『つながる ― ひとりにしない』ことに着目した」（p.10）という。「伴走型支援は『解決』という結果ではなく、『つながり』という『状態』を重視します」（p.11）とも述べている。

　ここでの「問題」というのは、住む家がないとか、仕事・お金がないということであり、「問題解決」というのは住む家が得られたとか、仕事に就けた、生活保護が受給されたということである。つまり、生活がひとまず普通にできるようになるということは、問題解決といえるが、それが最

---

(10) 奥田知志・原田正樹編（2022）『伴走型支援』有斐閣

終目的ではなく、そういう支援を通して「つながる」ことを主たる目的としているということである。

2．伴走型ボランティア活動

　奥田氏は自分たちの活動を伴走型支援と言っており、ボランティア活動という言葉では表現していない。それは奥田氏自身、あるいは組織（抱樸）としての方針であったり認識であったりであろう。しかしこの活動では、抱樸の専従職員以外で参加している人は文字通りボランティア活動という形である。「伴走型ボランティア」「伴走型ボランティア活動」というとらえ方もあり得る。

　例えば、食事の提供そのものが、公的機関からの支給ではなく、不利な状況にある他者の命とQOL（生活の質）を守るため［＝社会性］の、民間人（個人）からの自発的な提供［＝自発性］であり、なんらの報酬も求めていない［＝非営利性］ものである。まさにボランティア活動である。食事の提供以外の「つながり」活動も同じである。

　一方、すでに取り組まれているボランティア活動の中には「伴走型ボランティア活動」と言っていいものも少なくないと思う。「伴走型ボランティア」と称しても違和感はない人も多いだろう。例えば、後述する（本章第6節1）ように、障害者スポーツは、最近ユニバーサルスポーツと称するようになったことからも示されるように、障害者と健常者がいっしょになって競技する種目も増えてきた。視覚障害者のマラソンの伴走とか登山のガイドヘルプがまさにそれである。マラソンの場合は文字通りの「伴走」であり、「伴走型支援」というのはそのマラソンの伴走から借用して使われ出した用語であろう。ちなみに『広辞苑（第七版）』では、伴走は「走る競技者につきそって走ること」と記載されている。

　ランニングの伴走や登山のガイドヘルプのように、行動そのものが「伴走」形式であるもの以外にも、実態としては直接的に「伴走」と思われる、あるいはそれに近い「伴走型」といえるボランティア活動はいろいろある。例えば、視覚障害者、肢体不自由者（特に車いすユーザー）、知的障害者

にはガイドヘルパーがつくことがよくあるが、これらは伴走型といっても
いい。本章第２節２（先駆的役割）でも少しふれたが、これらはボランテ
ィア活動から始まったものであるが、運動の中で公的サービスとしても定
着してきた。ちなみに、肢体不自由者と知的障害者のガイドヘルプサービ
スは障害者総合支援法のなかの「移動支援」というサービスであり、視覚
障害者の場合は単なる移動の介助（支援）だけでなく、書類や資料の読み
書きや行動場面の状況説明なども業務として含まれる「同行援護」という
サービスになる。この「同行」というのがまさに「伴走」というのとイメ
ージが共通する。

　被災地での復旧作業も、当地の人たちとともに土砂の撤去や家具の洗浄
などを行う。発展途上国での学校づくりや植林作業も、支援者と現地の人
たちがともに行う。これらの活動を進める中で、時には支援者が先導する
こともあるかもしれないが、基本的には「並んで歩む」という感じであり、
これも伴走型といえる。

　奥田氏が伴走型支援で最も重視するという「つながり」の本質は、「対
等性」と「相互性」あるいは「双方向性」であるという（p.11）。対等性
については本章前節２で「ボランティア活動における対等性」としてボラ
ンティア活動の原則に加えるべきものとして指摘したし、同じく前節１で
述べた「ボランティアの連帯性」にも通ずる理念である。また奥田氏は、
ここでいう「相互性」とは「支えられた人」が「支える人になる」ことで
あり、「双方向性」とは「支えられながら支える」ことと述べている（p.12）
が、これもボランティア活動における重要な留意点である。濃淡の差はあ
れども、どのような活動もボランティアから対象者への一方向的な働きか
けではなく、相互に影響し合う双方向性を持っている。仮にそうでないな
らば、そのような活動にすべきである。また、ボランティア活動はけっし
て「与える（だけ）」のものではない。何かを提供することはあるが、逆
に得るもの、学ぶこともたくさんあるというのは、多くのボランティアが
感じることである。それが第３章でも取り上げたように、参加動機のひと
つである。

　また、同書において奥田氏は、「問題解決型支援」と「伴走型支援」は「支

援の両輪」として実施される必要があると述べている（p.12）が、これもボランティア活動に向けたメッセージと受け止められる。例えば手話通訳にしても被災地での復旧活動にしても、単にコミュニケーションの支援やもとの生活に戻ることの手助け（問題解決）だけでなく、健常者（健聴者）中心の社会の中で苦労している人、思いもよらぬ自然災害で戸惑っている人への、精神的支援・応援メッセージ（伴走）となるはずである。前述したように、奥田氏は「問題解決」より「つながりという状態」を重視しているようである（p.11）が、それは問題解決がつながりを弱くし、結果的には問題解決がもとに戻ってしまったという体験からの思いであろう。しかし、一般的なボランティア活動においてはやはり、不平等、不公平な状況の中に置かれ、困っているのであれば、その状態から抜け出せるようにすること（問題解決）が第一になることは言うまでもない。その取り組みの中でつながりができて、心理的支援になることが、ボランティア活動の通常の姿といえる。

　さらに奥田氏は、「何よりも重要であるのは『本人主体の尊重』である」「『つながり』を重視する伴走型支援は、『教え』『指導する』のではなく対話的に実施されることが重要」と述べている（p.12）。これもボランティアが活動するうえで、何よりも大事にしなければならない心構えである。第4章第1節で取り上げた「ボランティア拒否宣言」で、花田えくぼさんはボランティアのパターナリズム、指導的態度、傲慢さを拒否しているのであることを指摘したが、ここで拒否されているのは、まさに「本人主体の尊重」と真逆の姿勢である。本人主体のボランティア活動であったら、花田さんも拒否の姿勢は弱くなるのではないか。

　伴走型支援とボランティア活動の近似性を述べてきたが、私たちが一般的にボランティア活動と称している取り組みは、この抱樸が実践している伴走型支援に学ぶことがたくさんある。すでにそのような姿勢を呈している活動は、それをさらに意識して取り組み、まだそうした認識を持ち合わせていない活動は、今後この「伴走」というのをキーワードにして取り組むことが、今後のボランティア活動の新たな方向のひとつではないかと思う。

　また、ボランティア活動だけでなく、公的支援でも、伴走型のスタイル
は今後注目されると思われる。そもそも社会福祉の分野では「援助」「介
護」「介助」という言葉よりも「支援」という言葉が主流になってきたし、
教育の分野でも「指導」から「支援」もしくは「指導・支援」という言葉
に代わりつつあるのもその流れの表れといえる。子育てでも、日本総合研
究所の池本美香氏は「『伴走型』育児支援を」と題して、フィンランドの
支援制度（ネウボラ）やニュージーランドの寄り添い型の紹介をしながら、
「今、日本に必要なのは伴走型の子育て支援」「大事なのは『何があっても
大丈夫』という国からのメッセージ」という趣旨の投稿をしている[11]。

---

(11) 西日本新聞（2022.12.31）「オピニオン『伴走型』育児支援を」

◆ コラム ◆
── ランニング伴走の規定と移動支援の原則 ──

　視覚障害者（特に全盲の人）は、身体機能（体力）としては走るのに問題はなくても、一般的にはロード（道路）はもちろん、トラック（競技場）であっても、視力の関係で一人では走ることが困難である。したがって伴走者がつく。このとき、一般のマラソン大会ではそうでもないが、公式の競技会になると伴走者は競技者（視覚障害者）の前に出てはいけないとなっている。真横かそれよりも後ろを走らなければならない。前に出ると競技違反になる。ちなみに、2022年10月16日に行われた東京レガシーハーフマラソンで、東京パラリンピック女子マラソン金メダルの道下美里選手が、ゴールでの混乱のなかで、伴走者がわずかに前に出た状態でテープを切ったため、世界新記録が取り消しになった「事件」もあった（翌 2023 年10月15日の同大会での再挑戦で、前年と同じ伴走者と走り、視覚障がい（T12）女子ハーフマラソンの世界新記録を樹立した）。一方、登山や街中等を歩く時のガイドヘルプ（移動支援）は、安全確保のため、ガイドヘルパーが半歩前を歩くのが原則である。階段であったら昇りの場合は一段上を、降りの場合は一段下を行くことになる。

　これはあくまでも実際に歩いたり走ったりするときの話であるが、ボランティア活動の場合を比喩的に言えば、基本的にはボランティアと当事者が並んで行動する「ランニング型」、緊急時にはボランティアが先導する「歩行型」が理想であろう。本章第4節2（ボランティア活動における対等性）の中で、ボランティアと当事者（ボランティア活動の対象者）は、「当事者が中心で、ボランティアは補助的というのが基本であって、非当事者が中心的存在にはならぬよう気をつけたい」と述べたが、この視点での支援は、ボランティアは当事者の一歩後ろから支えるという心構えでもいいだろう。ただし実際のガイドヘルプでは、ガイドヘルパーは決して視覚障害者を自分より前に出したり後ろから押してはいけないと厳しく指示されている。

第6節　協同・共生活動

1．支援・被支援を越えた活動

　社会の中の不均衡・不平等を是正する活動（平等化活動）とそれを進める時の連帯性（連帯的運動）の基本にあるのは、支援者（ボランティア）と被支援者（当事者）の対等性であった。伴走型支援で重視する「つながり」の本質は、「対等性」「相互性」あるいは「双方向性」であると奥田氏はいう。ここでいわれる連帯性、対等性、相互性、双方向性は、ボランティア活動を推進するにあたっては重要なキーワードであることは間違いない。ボランティア活動にかぎらず支援活動（福祉活動）自体に、支援者と利用者（当事者）の対等性・双方向性が求められている。

　しかし、「ボランティア団体」があり「当事者団体」があっての活動では、たとえ意識的には対等性・双方向性を認識していても、実際の活動の中ではそうはなりにくいものである。理念はあっても、「ボランティア活動」という形である以上、どうしてもボランティア側から利用者側への、非対等で、一方向的なものになってしまいがちになる。そもそも対等性、相互性、双方向性というこれらの言葉には、「支援者（ボランティア）と被支援者（当事者）」という、支援をする人とそれを受ける人が（別々に）存在するという前提がある。双方向性とはいえども、ふたつの別な存在があるから双方向性（互いにやりとりする）という状態が成り立つのである。

　ボランティア活動において対等性、相互性、双方向性が重要であることは言うまでもないが、さらに、このような支援をする側と支援を受ける側との活動という形を越えて、両者が同列にたって何らかの活動を行うというパターンもある。障害者の分野でいうと、前節2で述べた視覚障害者のマラソンの伴走とか登山のガイドヘルプのほか、肢体不自由者と健常者がチームを作る風船バレーや卓球バレー、車いすユーザーと健常者の車いすダンス、あるいは障害者と健常者がひとつのグループを作って合唱や演奏の活動をする音楽活動などである。その際、ときには「支援－被支援」と

いう場面もあるかもしれないが、おおかたは対等に、それを楽しむというのが基本であろう。従って「助」というのには該当しないかもしれないが、自発的、非営利的で社会的活動ということではボランティア活動というとらえ方もできる。

2. 協同活動・共生活動

　このように支援・被支援を越えた活動が昨今増えてきており、その活動を進める中で、両者がひとつの団体に所属し、活動や組織運営をともにおこなっているケースもある。例えば、視覚障害者団体と点訳サークルが一緒になった「友の会」や、視覚障害者ランナーと健常者ランナーが共存するランニングクラブ、聴覚障害者と手話ボランティアがいっしょになった会などである。障害者と非障害者の「共同活動」もしくは「協同活動」というものである。

　『広辞苑（第七版）』によると、「共同」は「二人以上の者が力を合わせること」、「協同」は「ともに心と力をあわせ、助けあって仕事をすること」となっている。『三省堂国語事典』では、「共同」は「ふたり以上の人がいっしょに・する（使う）こと」、「協同」は「力をあわせること」、『デジタル大辞泉』では、「共同」は「複数の人や団体が、同じ目的のために一緒に事を行ったり、同じ条件・資格でかかわったりすること」、「協同」は「複数の人や団体が、力を合わせて物事を行うこと」と説明されている。これらをみると、「共同」が単純に何かをいっしょにやることを意味しているのに対して、「協同」はそこに「力を合わせる」というものが加わっているように理解できる。従って、ここでは「協同活動」のほうが実状を表した名称だと思うが「共同活動」でも的外れではないと思う。

　このような活動は、特段の「ニーズ」を媒介にした当事者とボランティア（非当事者）とのかかわり合いではなく、あるいは、当事者運動の手助けとしてのボランティア活動でもなく、福祉活動や文化・スポーツ活動等をともに取り組む仲間としてのかかわり合いであり、今まさに時代のキーワードになっている「共に生きる」ことのひとつの具体化であり、「共生

活動」ともいえる。

　障害者等の当事者が必要としていることをボランティアが満たすという
形の、いわゆるボランティア活動という取り組みを越えて、障害等の有無
にかかわらずお互いが「人」（隣人もしくは仲間）としてかかわり合うこと、
すなわち分けた上でのかかわり合いではなく、分けないままでの自然なつ
きあいが、「共に生きる」ということ、「共生社会の創設」ということである。

3．協同・共生団体の位置づけ

　ところがこれについては、それらの団体や活動が少なからず存在するに
もかかわらず、当事者団体やボランティア団体と違って、その位置づけが
はっきりしていない。これらの団体を当事者団体（障害者団体）とするの
か、ボランティア団体とするのか、あいまいである。行政が調査をしたり
報告書を作る場合でも、当事者団体としてとらえるのか、ボランティア団
体としてとらえるのかは、その行政によって、またそのときどきで異なっ
ているようである。さらに、「どちらに所属するかあいまいにされている」
という現状に加えて、「どちらにも属しがたい」という側面もある。

　一方、この種の団体を「当事者団体かボランティア団体か」と、無理に
区分けすることはないという考えもあるだろう。日常の活動の中では、そ
れを意識しなくても差し支えはないと思う。しかし、例えば障害者団体や
ボランティア団体には、行政や社会福祉協議会等から活動助成金が出され
ることがよくあるが、この両者が入っている団体は障害者団体ともボラン
ティア団体とも認知されず、結果的にどちらの助成金も受けられない場合
もあるかもしれない。あるいは、活動にそなえて保険に入ろうとするとき、
どの種の保険が最もふさわしいか分かりにくいということもある。「はっ
きりしない」という単に「おさまりどころの悪さ」だけでなく、このよう
に実際に不利になることも懸念される。

　これらの団体は、その活動内容をみて、どちらかに振り分けることもで
きると思うし、あるいはそれが窮屈ならば「広義の当事者団体」もしくは「広
義のボランティア団体」とみなせないこともない。しかし、むしろ今はそ

ういうあいまいな扱いや無理な解釈よりも、積極的に新しい位置づけをしてもいいのではないかと思う。すなわち「当事者団体」と「ボランティア団体」に加えて、（とりあえずの表現であるが）「協同団体」あるいは「共生団体」というものを第3種の団体として位置づけてはどうだろうか。行政等が調査するときの団体種の選択肢に、このような項目が入ってもいいと思う。補助金等の助成でも、「当事者団体」や「ボランティア団体」に加えて、「協同・共生団体」もその対象にしてもらいたいと思う。

この提起は、当事者団体やボランティア団体と同格に助成金などを確保するという「協同・共生団体の市民権」を求めるためだけではなく、当事者とボランティアの対等性の課題として重要だと思われる。「当事者団体とボランティア団体」という形ではなく、関連する両者がいっしょになって、時と場を同じくするほうが、活動での対等性は生じやすくなるはずである。「対等性」や「双方向性」が物理的・構造的にできてしまうということである。形をつくっても完全に対等性が保証されるものではないかもしれないが、少なくともこの形態のほうが、よりそれに近づけるということはいえるのではないかと思う。

なお、ここでは障害者との協同活動・共生活動について述べてきたが、それ以外の分野に関しても同様な活動・運動が考えられる。例えば、地域での外国籍の人たちとの異文化交流や、路上生活者への支援活動も、一方向的な招待の形ではなく、外国籍の人や路上生活者にも活動を担ってもらい、（まったく同等に分担とはいかないとしても）協同で行うという姿勢が「共に生きる」「共生社会の創造」ということの実現に近づくだろう。ポスト・ボランティア活動として、あるいはボランティア活動を含むその延長として、このような活動がこれからさらにその意義は高まっていくのではないかと思われる。

しかし、「協同・共生団体」作りや「協同・共生活動」の推進にはそれ独自の課題もある。内部においていかに対等性を保持するか、当事者（障害者）会員の移動やコミュニケーションをどう保障するか、役員構成はどうするか、行政等への認知をどう得るか、既存の当事者団体やボランティア団体との関係をどうするか等、検討すべき課題もたくさんある。これら

を協議・研究する場が必要である。ボランティア関係の研修会や福祉関係の研究会で、そのような分科会があればいいのだが、管見の限り見かけない。今後の課題である。

参考文献
(1)　福岡県老人クラブ連合会のホームページ
(2)　全国老人クラブ連合会のホームページ
(3)　西日本新聞（2022.9.23）「ピアサポート事業　思い共有、支え合う」
(4)　丸山千夏（2016）『ボランティアという病』宝島社　p.133
(5)　丸山千夏『前掲書』pp.39-42
(6)　笠虎崇（2012）『検証・新ボランティア元年』共栄書房　p.110
(7)　笠虎崇『前掲書』p.10
(8)　笠虎崇『前掲書』p.154
(9)　笠虎崇『前掲書』p.157
(10)　奥田知志・原田正樹編（2022）『伴走型支援』有斐閣
(11)　西日本新聞（2022.12.31）「オピニオン『伴走型』育児支援を」

あとがき

　私がボランティアという言葉を初めて聞いたのは、高校1年生のときである。高校に入って私はJRC（Junior Red Cross 青少年赤十字）というクラブに入った。レクリエーション活動や老人ホーム訪問などをやっているということに関心をもち、赤十字というものに何となく魅力を感じて入部したのであるが、このJRCの実践目標として、健康・奉仕・親善という3項目が掲げられていた。老人ホーム訪問等はこの中の「奉仕」に該当するものであるが、それを「ボランティア活動」ともいうことを教わった。

　大学に入ってからは、大学のサークルとして組織されていた「学生赤十字奉仕団」と、地域で一般青年を対象に組織されていた「青年赤十字奉仕団」で活動を続けた。団体名が「奉仕団」であることに徐々に違和感を持ち始めたが、やっている活動は「ボランティア活動」と私たちは認識していた。しかし世間的にはまだ「ボランティア」という言葉は十分には理解されてはおらず、「奉仕活動」というのが理解してもらいやすかった。その後、だんだんと「ボランティア」という言葉は拡がっていき、本書第1章で述べた通り、阪神・淡路大震災を機にかなり定着していった。「奉仕的活動」であろうと「ボランティア活動」であろうとも、活動者が増えているかについては第3章で懐疑的に分析したが、言葉としては今やほとんどの人が知るものとなった。

　しかし、言葉は普及しかなり定着したが、その活動が進められていく中で、言葉がデビューした当時に比べると、（日本語訳がないこともあってか）ボランティアという言葉やボランティア活動に対するとらえ方が多様化し、3原則なるものも揺らいできて、さまざまな解釈がなされるようになった。そのことは本書の前半に書いたが、この「多様化」「揺らぎ」は今後もさらに拡大するだろう。

　そのような状況の中で、ボランティア活動をめぐって起こっている変化、動きに対して私は疑問を感じるようになった。本書はそのことを述べたも

のである。特に、いいように利用されるボランティア、自発性・無償性の危うさ、過剰な保護意識のボランティア精神などについての私の危惧を記述した。

　しかし、ボランティア／ボランティア活動が無意味なもの、不要なものだとは思わない。「ボランティアの終焉」という言葉も登場したが、私はそうは思わない。人間の社会、とりわけ資本主義社会においては、さまざまな差異・不平等が生じ、生活に困難や不都合を被る人たちが生み出される。それに対しては、公的福祉制度が最重要であるが、それとともに私的な助け合いは必要であり、そのような不平等をなくする運動は続けなければならない。それも慈善とか恩恵とかではなく、その人たちとの「連帯性」を持った「伴走型」の「協同活動」「共生活動」といった視点での活動であることを、最後に提起した。そのようなボランティア活動がこれからも必要である。

　「ボランティア」という言葉が多義化し、解釈が分散化して、この言葉に少々胡散臭さを覚えることもある私は、今自分がやっていることは「社会的活動」と称することが多くなっているが、ボランティア活動とは言わなくても、格差・不平等のない社会を求めて、社会のつながりを作っていく活動は今後ますます求められると思う。

　そういう活動の必要性はいうまでもないのだが、今後、どのようになっていくだろうか。このように「多義的」になったボランティア活動の概念が都合良く利用されたり、あるいはこのような事に無関心な人が増えたり、一方で個の尊重が孤立化を生み、助けを求めることができない人（状況）が生じたりしないか懸念する。そうではなく、連帯、伴走、共生という視点での活動が展開されていくことを願っている。

2024 年 3 月 31 日

松田　次生

著者略歴

松田次生（まつだ　つぎお）

1946 年、熊本県生まれ。九州大学理学部卒業、同大学院教育学研究科修士課程修了・博士課程中退後、福岡県立の盲学校、養護学校、高等学校の教員を経て、2005 年西九州大学大学院健康福祉学研究科修士課程修了。その後同大学に勤務、2018 年退職。著書に『福祉ボランティアの今日的課題』(2010 年、学事出版)、『エントロピー的反差別論』(2022 年、海鳥社)、『「障害を理解する」とは』(2023 年、大学図書出版)。

ボランティア活動のゆくえ

― 潜む危うさとこれから ―

2024年 5月 1日　第1刷発行

著　著　松　田　次　生

発行者　中　村　裕　二

発行所　㈲ 川　島　書　店

（本社）〒165-0026
東京都中野区新井 2-16-7
電話 03-3388-5065
（営業・流通センター）電話 & FAX 03-5965-2770

© 2024
Printed in Japan　　DTP 風草工房／印刷・製本 モリモト印刷株式会社

落丁・乱丁本はお取替いたします　　　　　　振替・00170-5-34102

＊定価はカバーに表示してあります

ISBN978-4-7610-0959-5　C3036

人を支える誠意

倉田康路 著

誠意の概念を人を支える社会福祉実践の場面にあてはめ、その取り組みに通じる誠意とは何かについて探求するものである。人を支える誠意の形成にむけて援助者と利用者との関係性の広範に渡る調査から探っていく。

ISBN978-4-7610-0957-1 A5判 184頁 定価3,300円(本体3,000円＋税)

高齢者のボランティア活動とたのしさの共有

村社 卓 著

たのしいと人は参加する。サービス利用につないでもらえるシステムは魅力的である。たのしいこととつなぐことは高齢者の孤立予防を実現する推進力である。大都市のコミュニティカフェの実践分析と定性的（質的）データの収集・分析方法，そして理論の生成について解説。定性的研究方法のガイドライン。

ISBN978-4-7610-0949-6 A5判 240頁 定価4,180円(本体3,800円＋税)

包括的支援法の体系化を目指して

加茂 陽 著

問いかけという日常的な言葉を土台とし、生活場面での問題解決、即ち新たな知の生成への支援法を提示する。ラディカルに変容を加えた評定法、問題解決法、そして効果測定法についての語りは、既存の支援論の教科書が提示する問題解決法の曖昧さに悩む実践者の支援活動に貢献する。

ISBN978-4-7610-0954-0 A5判 236頁 定価3,850円(本体3,500円＋税)

苦しみを和らげる認知症ケア

村田久行 編著

認知症の人の苦しみは深い。プライドも、恐怖もある。介護する人の苦しみも深い。困惑と苛立ち、疲れと無力を感じる日々である。この本は、認知症の人も介護する人も互いに「わかってもらえない苦しみ」から抜け出し、認知症の人とケアに携わる人々の命と生きる意味が回復することを願い書かれた。

ISBN978-4-7610-0955-7 A5判 228頁 定価3,080円(本体2,800円＋税)

たのしくつながる高齢者の孤立予防モデル

村社 卓 著

介護予防・日常生活支援の展開が期待されているが，本書は，大都市におけるコミュニティカフェでのソーシャルワーク実践の分析をとおして，高齢者の参加とサービス利用を促す関係づくりに媒介者および協力者の存在とその積極的な活用を提案する。

ISBN978-4-7610-0941-0 A5判 212頁 定価3,080円(本体2,800円＋税)

川 島 書 店

https://kawashima-pb.kazekusa.jp/ 定価は2024年3月現在

産業心理職のコンピテンシー

種市康太郎・小林由佳・高原龍二・島津美由紀 編著

働く人のメンタルヘルスを支えるための心理専門職に求められるコンピテンシー(知識、技能、態度)について、それらの習得の仕方、高め方についての実践的・専門的ノウハウを提供する。日本産業ストレス学会産業心理職委員会の活動から生まれた書。

ISBN978-4-7610-0958-8 A5判 256頁 定価3,520円(本体3,200円＋税)

ASD・知的障害のある人の包括的支援

是枝喜代治・蒲生としえ 編著

障害児者支援施設では知的障害をはじめ、自閉スペクトラム症（ASD）への対応などさまざまな課題が生じる中、利用者個々人の障害特性の理解、具体的な支援方法、関わり方のノウハウなどを、長年にわたり知的障害児者やASDの相談、支援、診断に携わってきた現任者が支援の実際を解説する。

ISBN978-4-7610-0950-2 A5判 216頁 定価3,080円(本体2,800円＋税)

私たちの心理学

大木桃代・小林孝雄・田積 徹 編著

科学的な理論に基づいた心理学の知識をわかりやすく解説しながら、日常生活の事例も豊富に盛り込んだ、理論と応用を同時に学べる心理学のテキスト。第Ⅰ部と第Ⅱ部で心理学の基本的な理論を、第Ⅲ部と第Ⅳ部で心理学が私たちの生活をより良くするために、実際にどのように応用されているかを紹介。

ISBN978-4-7610-0956-4 A5判 244頁 定価3,740円(本体3,400円＋税)

エンプティチェア・テクニック入門

百武正嗣 著

エンプティチェア・テクニックをさまざまな場面で活用してもらえるよう，その理論的背景，具体的なテクニック，レッスンの進め方などを詳述。カウンセリングや心理・精神療法を実践している人，看護師，医師など医療従事者などにも活用して欲しい。

ISBN978-4-7610-0808-6 A5判 128頁 定価1,870円(本体1,700円＋税)

心地よさを求めて

ポール・ラスムッセン 著／今井康博 訳

感情とは私たちにとってどんな存在なのだろうか？ アドラー心理学の基本理念とT.ミロンの進化論的行動原理を軸に展開する本書によれば、ひとは「心地よくあるため」に日々様々な感情を駆使しているのだという。私たちの常識を問い直す新しい感情論。

ISBN978-4-7610-0945-8 A5判 420頁 定価4,950円(本体4,500円＋税)

川 島 書 店

https://kawashima-pb.kazekusa.jp/
定価は2024年3月現在